인생 프로파일링, 삶을 해부하다

인생
프로파일링,
삶을 해부하다

복잡하게 얽혀 있어도 세상의 이치는 단순하다

이윤호 글 | 박진숙 그림

왜 범죄학 교수가 젊은이들에게
보편적 삶의 진리에 대해 말하는가?

CONTENTS

젊은이들이 조금 더 수월하게
이 세상을 살아갔으면 하는 바람으로

언젠가부터 우리 사회에 하나의 유행어처럼 되어버린 외래어가 있다면 단연코 프로파일링Profiling이 그중 하나일 것입니다. 프로파일링은 범죄자의 행동적 습관들을 분석하여 그 사람의 행위적 특성과 특징을 찾아내어 범죄 용의자를 추적해가는 행동과학입니다.

그래서일까요? 아니면 제 자신이 범죄학자로 살아온 30여 년 때문일까요? 습관적으로 모든 일을 분석하는 경향이 있습니다. 제 삶이나 다른 이의 삶도 마찬가지지요. 그 안에서 제가 얻은 결론은 매우 단순합니다.

콩 심은 데 콩이 나고 팥 심은 데 팥이 난다는 것입니다.

물론 여러 상황이 얽혀 복잡하게 보이기도 하지만 세상의 이치는 매우 평범합니다. 노력한 만큼 그 결과가 온다는 것이지요. 저는 이 책에서 이 단순한 이치를 꾸준하게 설명할 겁니다. 믿기 힘드시겠지만 그것이 삶의 진리니까요. 물론 세상에는 뜻하지 않은 행운이나 횡재를 얻는 사람들도 많습니다. 하지만 잘 살펴보세요. 그것이 무조건 캐는 노다지가 아님을 알 수 있을 겁니다.

저는 이 책의 제목을 『인생 프로파일링, 삶을 해부하다』로 정했지만 세상의 이치를 분석하며 논하고 싶지는 않았습니다. 저는 범죄학자이기 전에 30대의 두 아들을 둔 부모이자 젊은이들을 가르쳐온 선생이기에 그저 아들들이 잘되길, 제자들이 잘되길 하는 바람으로 쓴소리와 단소리를 이 책에 담았습니다. 감사하게도 저는 소싯적부터 글쓰기를 좋아했습니다. 이런 상황적, 개인적 장점들이 모여 한 권의 책을 쓰게 되었고 그것이 바로 『인생 프로파일링, 삶을 해부하다』입니다.

앞서 경험한 이들의 지혜를 모아
자신만의 무기로 삼으시길

다만 출판을 망설였던 부분도 적지 않았습니다. 대문호 셰익스피어는 우리에게 '중년의 아홉 가지 교훈'을 알려주었지요. 그중에 '과거를 자랑하지 마라'와 '부탁받지 않은 충고는 굳이 하려고 하지 마라'라는 교훈이 계속 마음에 걸렸습니다. 저의 쓴소리가 누군가가 원하는 것이었다면 다행이겠지만 그렇지 않다면 부담이 될 수도 있을 테니까요. 제 자녀도 저의 조언을 원하지 않을 텐데 하물며 생면부지의 청년들이 저의 쓴소리를 원할 리 만무하다는 걱정이 앞섰지요. 그러나 다행히도 그가 주는 교훈 중에선 이런 망설임을 극복하고도 남을 메시지가 있어 크게 용기를 내게 되었습니다. 그것은 우선 제 자신을 격려하고 응원하는 것이었습니다.

'아름다움을 발견하고 즐겨라.'

우리 삶에는 다양한 즐거움이 있지만 제겐 글쓰기가 그중 하나이기에 그냥 그 즐거움을 누리려고 합니다. 더불어 '늙어가는 것을 불평하지 마라'라는 교훈에 힘입어 늙음을 불평하기보단 잘 늙어갈 수 있는 모습을 그려봅니다. 저의 즐거움인 글쓰기의 행복을 잘 만끽한다면 잘 늙어가는 것이 아닐까 싶어 교단이 아니라 좀더 넓은 무대를 향해 저의 이야기를 담아보았습니다.

셰익스피어는 '젊은 사람들에게 세상을 다 넘겨주지 마라'고 충고합니다. 아마도 이 교훈은 먼저 살아보고 경험해본 사람들이 그나마 나은 삶을 선별해 젊은이들에게 안내하고 인도하는 것이 지금까지 해온 일에서 물러나고 다시 새로운 일을 찾아야 하는 이들의 몫이라는 의미이지 않을까 합니다. 경험보다 더 좋은 스승은 없다고 하지 않습니까?

백문百聞이 불여일견不如一見이라고 하지만 이제는 그보다 한 걸음 더 나아가 백견百見이 불여일행不如一行이라고 합니다. 경험이 그만큼 중요하다는 뜻이지요. 하지만 안타깝게도 우리가 필요한 것들을 모두 경험할 수는 없습니다. 불가능하다고 해도 과언이 아닙니다.

이럴 때는 바로 앞서간 사람의 경험에 의지하는 것이 가장 좋습니다. 군이 가지 않아도 될 길을 가지 않아도 되고, 군이 겪지 않아도 될 어려움과 고통을 피할 수 있습니다. 대신 가야 할 길을 더 빨리 더 쉽게 갈 수 있고, 해야 할 일을 더 잘할 수 있으니 얼마나 좋습니까. 저는 그런 도움을 이 책을 통해 받았으면 좋겠다는 바람을 가져봅니다. 더불어 삶의 이치는 간단하다는 것을, 그것만 지키면서 간다면 힘듦보단 가벼움이 조금 앞설 것입니다.

언제나 좋은 책을 만드는 데 혼신을 다하는 ㈜도서출판 도도 임직원 여러분의 열정과 전문성이 책의 가치를 한껏 더 높여주었습니다. 어느덧 공식처럼 되었지만 이 책의 품격을 더 높여준 일러스트를 그려준 아내인 불이즈ㄷ 박진숙 작가에게도 언제나 빈 입이지만 고마움을 전하며, 늘 곁에서 묵묵히 응원해주는 두 아들 창욱, 승욱이게도 고마움을 전합니다.

2019년 7월 25일
이윤호

LIFE PROFILING

1

지금 당신은
어디로 가고
있습니까?

Before you can do
something,
you must be
something

지금 당신이 가진 힘은 무엇인지,
그 힘은 온전히 당신의 것인가요?

무언가를 하려면 그 전에
스스로가 그 일을 할 수 있는 사람이 되어야 한다.
Before you can do something, you must be something.
|
요한 볼프강 폰 괴테(『파우스트』 등을 쓴 독일의 작가)

모든 사람들이 행복한 삶을 꿈꿉니다. 자기가 좋아하는 일을 하면서 경제적 풍요로움을 누리며 사랑하는 이와 함께 살아가는 모습을 꿈꿉니다. 그러기 위해서 우리가 할 수 있는 일은 무엇일까요? 만약 이 질문에 곧바로 대답이 튀어나오는 누군가가 있다면 아마도 그분은 미래를 위해 많은 준비를 하는 사람일 겁니다.

세상을 살아가면서 가장 무서운 것은 미래에 대한 두려움이라고 합니다. 일본에서 가장 권위 있는 순수문학상인 '아쿠타가와 상'을 탄생시킨 아쿠타가와 류노스케는 인간의 이기적인 내면을 재창조한 사람이었습니다. 그는 자신의 생을 억지로 마감했는데 그 이유가 '미래에 대한 막연한 불안'이었지요.

우리는 미래의 자화상에서 좀더 건강해지기 위해 운동을 하고 건강보조제를 먹습니다. 좀더 똑똑해지기 위해 지식을 습득하지요. 좀더 경제적으로 풍족해지기 위해 저축을 합니다. 이것이 지금 우리의 현 자화상입니다. 우리에게 미래가 있다고 생각되는 순간, '오늘'이라는 시간을 기꺼이 바치지요. 내일이라는 희망을 얻기 위해 오늘 고군분투하며 뛰어다니는 것입니다.

그렇다면 우리는 내일을 어떻게 준비해야 할까요? 먼저 내가 누구이며 무엇을 원하는지, 무엇을 좋아하고 싫어하는지, 무엇을 잘하고 잘못하는지를 세심하게 파악해야 합니다. 즉 자신의 역량에 대해 알아야 한다는 것이지요. 자신의 역량에 따라 자신이 가장 잘하고 좋아하는 일을 찾는다면 천운을 얻은 것과도 같습니다. 자기가 좋아서 하는 일과 싫은데 어쩔 수 없이 억지로 하는 것은 그 결과가 현저히 다르게 나타나기 때문이지요. 이 책은 이 질문에서 시작할 것입니다.

'나는 어떤 힘을 가졌고, 그 힘을 어떻게 발휘할 것인가?'

이것이 제가 당신에게 묻는, 인생을 준비하기 위한 첫 번째 물음입니다. 만약 자신이 무엇을 좋아하는지를 정확하게 파악했다면 자신이 그런 일을 할 수 있는 힘은 가지고 있는지를 가늠해야 합니다. 노래 부르는 것을 좋아한다고 해서 모두 가수가 되는 것은 아니지요. 어느 정도 성량이나 음악 감각이 있어야 다른 사람에게 인정을 받을 수 있어요. 그러니 자신이 좋아하는 것을 찾았다면 과연 그 일을 해낼 수 있을지에 대한 역량을 살펴보는 것이 좋습니다.

자신이 좋아하는 분야를 찾았고 그 일을 해낼 만한 역량이 있다고 판단되면 그 분야에서 인정을 받기 위해 노력해야 합니다. 게으른 천재보다 노력하는 보통사람이 성공할 가능성이 높다고 하지요. 자신의 '성향'에 '역량'을 보태 '노력'이라는 힘든 과정을 보탠다면 어느 정도 성과는 나타날 것입니다. 사실 역량이 안 되더라도 그 역량을 채우기 위해 노력한다면 어떤 기회가 찾아오고 그것을 잘 활용하면 성공하기도 합니다.

인생은 알다가도 모를 일이고, 한치 앞도 모르는 게 당연지사겠지만 이 책은 보편적으로 일어날 만한 일들을 주요 대상으로 이야기하고자 합니다.

부지런한 새가 아침 모이를 많이 먹고, 아침형 인간이 성공한다는 것은 모두 노력의 가치와 중요성을 강조하기 위한 것들입니다. 이 세상엔 부지런하지 않은 새가 위협을 통해 아침 모이를 많이 먹기도 하고, 저녁형 인간이 새로운 무언가를 창조하기도 합니다. 하지만 우리는 그런 것을 열외로 제쳐둡시다. 얻어걸리는 것은 그저 얻어걸릴 뿐일 테니까요.

저는 오랫동안 대학에서 경찰학이나 범죄학에 대해 강의했습니다. 사람들을 경악시킬 범죄가 일어나면 매스컴에선 저에게 자문을 요청하지요. 그러면 저는 범죄의 유형을 살펴보고 범죄자의 내면을 들여다봅니다. 몇 십 년 동안 교단에서 젊은 제자들에게 범죄학을 가르치면서 저는 우리가 어떤 모습으로 살아가야 할지를 곰곰이 생각했습니다. 그래서 시대에 다소 어긋나더라도 보편적이지만 긍정적인 것들에 대해 이야기를 나누고자 합니다. 저는 지금의 젊은 친구들에게 우리가 어떤 모습으로 세상을 살아가야 하는지, 무엇을 지켜 나가야 할지에 대해 말하고 싶습니다.

당신의 길이 정해졌다면
먼저 자신을 믿으세요

확실하게 자신이 가고자 하는 길을 정했다면 이제는 자신을 믿는 과정에 돌입해야 합니다. 스티븐 스필버그는 "큰 꿈을 꾸어라. 절대로 도중에 포기하지 마라. 부정적인 생각으로 자기 자신의 위대한 잠재력을 죽여서는 안 된다"고 했지요. 자신에 대한 믿음을 통해 큰 꿈을 꾸고 그것에 대해 쉽게 포기하지 않는다면 누구에게나 깊이 잠들어 있는 능력을 깨울 수 있습니다. 자신에 대한 믿음은 결국 자신감으로 표출될 겁니다.

하지만 자신감은 신념과 맞붙어야 제대로 된 영향력을 발휘할 수 있습니다. 자신감은 자기 자신을 믿는 것이며 신념이란 자신의 생각을 관철시키는 것이기에 이 두 항목은 바로 인간이 행동할 때 가장 근본적인 요인으로 작용하면서 더 큰 잠재력을 발휘할 수 있습니다. 자신감과 신념은 인간의 모든 능력을 한데 모아 목표를 향해 매진할 수 있도록 해주는 매개체지요.

큰 성공을 이룬 사람들은 어떤 환경에서도 흔들리지 않는 굳건한 신념을 지니고 있습니다. 그들은 자신의 가능성에 대한 믿음을 가지고 있으며 불가능에 대해선 전혀 고려하지 않는 태도를 유지합니다. 성공한 사람들에게도 고난과 어려운 환경이 있었고, 비난과 방해도 없진 않았겠지만 그들이 성공할 수 있었던 것은 숭고의 의지와 자신감 그리고 흔들리지 않는 신념이 있었기에 가능한 것이지요.

여기서 중요한 점은 이러한 자신감과 신념은 절대로 외부에서 만들어주지 않는다는 것입니다. 자신 내부에서 스스로 만들어내야 합니다. '프랭클린플래너'의 창시자 하이럼 스미스는 자신 내부에서 올라오는 충족감에 대해서 이렇게 설명했습니다.

> "우리 모두는 살아가면서 자신을 만족시키기 위해 노력하고 있다. 만일 우리가 '나의 가치는 다른 사람들이 나를 어떻게 평가하는가에 따라 결정된다'라고 생각한다면 우리는 일상생활 속에서 엄청난 스트레스를 받으면서 살게 될 것이다. 자신에 대한 스스로의 평가에 따라 생활할 때 우리는 비로소 자신의 내부로부터 솟아나는 충족감을 맛볼 수 있게 될 것이다."

자신감은 자기 자신과의 싸움이기 때문에 무엇이든 할 수 있다는 용기와 반드시 해내겠다는 의지, 자신에 대한 존중과 긍지가 중요한 것이지 남이 나를 어떻게 판단하고 생각하는가는 그리 중요하지 않습니다. 이렇듯 굳은 신념만 있으면 아무리 어려운 상황이라도 극복할 수 있으며, 또 큰 어려움에 부딪혀 일시적으로 무릎을 꿇는 일이 있더라도 다시 일어나 앞을 향해 나아갈 수 있습니다. 앞에서 자신감의 중요성을 논한 스티븐 스필버그도 데뷔작은 흥행에 참패했지만 그것에 좌절하거나 포기하지 않았기 때문에 오늘의 그가 있을 수 있는 것입니다.

다만 자신감이나 신념은 언제라도 무너질 수 있기 때문에 항상 제대로 유지될 수 있도록 끊임없이 영양분을 공급해야 합니다. 특히 자신의 언어습관이나 행동, 자세, 경험, 자기 성찰 등을 통해서 계속 강화해나갈 수도 있지요. 살다 보면 우리는 누구나 일이나 인간관계에서 실패와 성공을 반복합니다. 이때 당신이 자신의 일과 인생에서 실패에만 초점을 맞추면 자신감과 신념이 약화되지만 성공에 초점을 맞추면 자신감과 신념은 더욱 강화될 겁니다. 따라서 성공의 경험과 성공할 것이라는 태도는 매우 중요합니다. 자신을 비하하거나 형편없는 존재라고 여기는 것은 자신의 삶을 좀먹는 것입니다.

그렇기 때문에 과장스럽지 않다면 자신은 완벽하다고 믿어야 하며, 무엇을 하든 반드시 해낼 수 있다는 생각을 가져야 합니다. '과연 내가 할 수 있을지……' 아니면 '실패하면 어떻게 하지?' 등 조금이라도 자신을 의심한다면 목표를 향해 열심히 달려가는 당신 발목에 무거운 모래주머니를 채우는 꼴이 될 겁니다. 당신이 당신 자신을 가볍게 생각한다면 다른 사람들도 당신을 가볍게 여기겠지요.

자신을 격려하고 적극적인 사고로 자신의 생각을 실천해나가면 언젠가는 기회가 오고, 자신이 원하는 것들을 하나둘 이룰 수 있습니다. 우리의 손과 발은 우리의 생각으로부터 자유로울 수 없습니다. 생각은 우리 삶의 구석구석에 영향을 미치지요. 그런 조그만 영향 하나하나가 모여서 우리의 인생이라는 작품이 만들어지는 것입니다.

우리는 먼저 자신을 사랑할 수 있어야 합니다. 자신을 사랑한다는 것은 자신의 능력이나 판단 그리고 행동에 확신을 갖는 것이지요. 자신을 신뢰하는 것이 자신을 경시하는 것보다 훨씬 큰 가능성을 만들어냅니다.

19세기 5센트나 10센트 품목을 판매해 지금의 다이소의 역할모델이 된 5 & 10센트 가게의 창시자인 프랭크 울워스는 이렇게 말했습니다.

"꿈은 반드시 실현된다. 절대로 물러서지 마라. 자기 자신을 과소평가하지 마라."

당신을 너무 과소평가하지 않기 바랍니다. 당신은 무엇이든 할 수 있는 완전한 인격체입니다.

LIFE PROFILING 1

바르고 편하고 빠른 길을 옆에 제쳐두고
뒤틀리고 어렵고 더딘 길을 갈 수도 있는

바람의 방향을 바꿀 수는 없지만
항상 목적지에 도달할 수 있도록 항해를 조정할 수 있다.
I can't change the direction of the wind,
but I can adjust my sails to always reach my destination.

지미 딘(미국 컨트리 가수)

어느 날 갑자기, 당신이 길을 잃었습니다. 어느 날 갑자기, 당신이 방향 감각을 잃었습니다. 그래서 앞으로 나아가지도 뒤로 물러나지도 못한 채 그 자리에서 서성이기만 합니다. 이 모습은 오늘을 사는 많은 사람들이 겪는 현 상황입니다. 특히 저는 몇 십 년을 대학교에서 강의하면서 수많은 젊은 친구들이 목표를 세우지 않고 무작정 표류하는 배처럼 세상을 겉돌며 살아가는 것을 봐왔습니다. 그들 나름대로 무언가를 터득하기 위해 버티는 것이겠지만 그 과정을 거쳐온 저로선 안타까운 마음이 큽니다. 이전부터, 그리고 현재까지 현 상황을 '혼돈의 시대' 또는 '방황의 시대'라고 부르는데 아마도 이런 상황은 다음 세대에도 적용될 것 같습니다. 왜 이런 현상이 일어나는 것일까요? 답은 아주 간단합니다. 자신들이 나아갈 방향, 즉 목표를 정하지 않았기 때문이지요. 아니면 자신들이 정한 목표를 잃었기 때문일 겁니다.

인간이라는 동물은 아주 단순해서 자신이 가고자 하는 방향과 목표, 즉 목적지가 있다면 그 길이 어떤 형태든 상관없이 걸어가고자 합니다. 의욕은 불타오르고 두 다리의 힘도 충만하지요. 여기에 인내와 끈기가 충분하다면 언젠간 자신이 정한 목표에 다다를 수 있습니다. 자신이 가고자 하는 방향이 확실하고 목표가 정해졌다면 그것을 향해 가는 길은 매우 다양합니다. 물론 그 길이 다른 사람이 걷는 속도보다 빠르게 달려갈 수 있는 지름길일 수도 있고, 다른 사람이 걷는 속도보다 처지는 돌아가는 길일 수도 있습니다. 때론 험난할 수도 있고 때론 평탄할 수도 있습니다. 가장 좋은 것은 쉽고 평탄한 지름길이겠지만 인생이 그리 녹록하지 않아 울퉁불퉁한 자갈밭이 될 수도 있고, 험한 언덕길을 돌아서 가야 하는 경우도 있습니다. 여기서 분명한 것은 자신이 정한 목표가 확실하다면, 그것을 향한 마음의 온도가 일정하다면, 어떤 힘듦도 웃으면서 받아들일 수 있는 여유가 생긴다는 것입니다.

반대로 인간이라는 동물은 아주 단순해서 자신이 가고자 하는 방향과 목표, 즉 목적지가 없다면 그 길이 꽃길이더라도 걸어가는 속도가 매우 더디지요. 더불어 꽃길만 주어졌는데도 그 안에서 헤맵니다. 이유는 아주 간단해요. 자신이 나아갈 방향에 대한 참된 의미를 모르기 때문이지요. 혹은 그 의미를 잃었기 때문입니다. 가긴 가는데 자신이 왜 가야 하는지도 모르고, 누가 가라니깐 그것이 좋다니깐 가는 길이라면 이리저리 헤매면서 시간과 힘만 낭비하다가 도중에 지쳐 쓰러지게 됩니다. 자신이 그런 위기에 처해 있다는 것을 인지하고 있다면 그나마 불행 중 다행이지만 그런 위기에 처해 있다는 사실조차 모른다면 앞으로의 상황은 더욱 나빠질 것입니다. 차라리 어디를 가야 하는지도 모른다면 그 자리에 그냥 서 있는 편이 나을지도 모릅니다. 잘못 갔다가 정신 차리고 다시 되돌아오는 시간이 더 힘들 수도 있지요. 잘못된 길에 시간과 힘만 낭비할 뿐입니다.

이런 문제를 해결하기 위해선 먼저 목표를 정하고 그것에 맞춰 자신의 방향을 설정해야 합니다. 먼저 자신이 가고 싶은 곳을 정해봅시다. 어디로 갈 것인지 그곳을 어떻게 가야 하는지 분명하게 인지하고 걸어간다면 어떤 어려움이 있더라도 자신이 정한 목표지에 도달할 것입니다.

요즘 사람들은 내비게이션이 없으면 자기 집도 찾아가지 못할 정도로 방향 감각의 촉을 세우지 않는 사람들이 많습니다. 운전자에게 내비게이션은 충실한 길동무이자 안내자이지만 그것 또한 사람이 정확한 목적지를 입력해야지만 안내할 수 있지요. 아무리 훌륭한 궁사도 과녁이 없다면 활시위를 당길 수 없고, 어디론가 떠나고 싶다면서 정확하게 목적지를 정하지 않으면 1등석 항공권이 손안에 있더라도 아무 소용이 없습니다.

대부분의 사람들은 여행을 떠나기 전 많은 준비를 합니다. 잘못된 여정으로 큰 위험을 당할지도 모르기 때문에 미리미리 준비하는 것이지요. 그런데 인생이라는 긴 여행을 하고 있는 우리는 왜 준비를 철저하게 하지 않을까요? 자신에게 합당한 목표를 정하고, 그 목표에 가장 쉽고 빨리 도달할 수 있는 바른 길을 찾아야만 긴 인생의 여행을 무탈하게 마칠 수 있습니다. 저는 당신이 자신에게 맞는 분명한 목표를 찾고 그 길로 들어서려 한다면 열린 결말이 기다리고 있다고 생각합니다. 다만 옛말에 '모로 가도 서울만 가면 된다'고 했지만 굳이 바르고 편하고 빠른 길을 두고, 뒤틀리고 어렵고 더딘 길을 갈 필요가 있을까요?

뜬 구름 잡는 사람이
뜬 구름 위에 설 수도 있습니다

사람들은 누구나 크든 작든 꿈을 꾸고 그 꿈을 실현하기 위해 노력합니다. 우리는 꿈속에서 우주도 만들고 그 우주를 삼키기도 하면서 자신의 원대한 무언가를 그리고자 하지요. 꿈의 날개는 육체의 한계를 넘나들며 우리를 보다 높은 세계로 이끕니다. 꿈은 위대한 마음의 주인이기도 하지요. 꿈은 상상력을 낳고 상상력은 푸른 희망을 키우고, 희망은 또 다른 더 큰 꿈을 꾸게 만듭니다. 그래서 꿈은 빛이라고도 한다지요. 그 안에서 창조의 무한한 능력이 나오는 것입니다.

우리는 주저하지 말고 무한한 꿈의 날개를 펼쳐야 합니다. 위대하고 행복한 자신을 상상해보십시오. 그것이 꿈입니다. 사실 꿈을 꾸는 데 겸손을 떨 필요는 없습니다. 너무 엄격해질 필요도 없지요. 자신을 한정하고 과소평가할 필요가 전혀 없는 것입니다. 꿈이란 미래지향적인 것입니다. 지금보다 뒤로 물러서고, 지금보다 작아서는 안 됩니다. 보다 높게, 보다 크게 꿈을 꿔보는 건 어떨까요?

제가 이런 말을 젊은 친구들에게 하면 일부는 부정적인 평가를 내리기도 합니다. 뜬 구름 잡는 소리를 하고 있답니다. 허망한 사람이나 허풍쟁이라고도 하며 용두사미라는 말로 꾸짖기도 합니다. 용두사미龍頭蛇尾는 말 그대로 머리는 용이나 꼬리는 뱀이라는 뜻입니다. 즉, 이루지 못할 지나치게 허황된 꿈을 꾸거나 큰 꿈을 꾸지만 이루지 못하거나 또는 극히 작은 부분만 이룬 사람을 두고 하는 말이지요. 이루지 못할 꿈은 허망한 것이니 꾸지도 말라는 경고의 말이었을 테지요. 아니면 기왕 꾼 꿈이라면 최선을 다해 크게 성취해야 한다고 채근하는 말이었을지도 모릅니다. 다만 우리나라에선 용두사미를 보편적으로 좋은 뜻보단 좋지 못한 뜻으로 사용하고 있어요.

그러나 용두사미를 꼭 부정적으로만 이해해야만 할까요? 저는 그렇게 생각하지 않습니다. 전 이루지 못한 꿈이라도 있는 것이 낫다고 생각합니다. 자기 마음대로 꿀 수 있는 꿈조차 없는 사람에겐 미래도 없고 희망도 없을 테니까요. 비록 이루지 못하더라도 우리는 꿈이 있는 한 그것에 맞춰 살아가려 노력할 것입니다. 자기가 좋아하는 일을 하며 사는 사람이 가장 행복하다고 합니다. 꿈은 분명 자신이 하고 싶을 것을 꿀 테니 그것을 좇아 무언가를 추구하는 사람의 삶은 아름답고 행복하지 않을까요?

저는 젊은 친구들이 아주 작은 꿈이라도 꾸는 것이 좋다고 생각합니다. 꿈은 죽을 때까지 버려서는 안 되는 삶의 목표로 자신이 어떻게 살지 앞길을 밝혀주는 등불이기도 합니다. 작은 목표라도 이루는 것이 곧 꿈의 실현이고 더 큰 꿈을 꾸게 하는 동기부여가 될 것입니다. 길을 알고 가는 사람은 길을 몰라 헤매는 사람보다 먼저 목적지에 도착할 수 있습니다. 꿈을 꾸지 않는다는 것은 옆에 길을 두고도 제 길을 찾지 못해 헤매는 것과도 같습니다.

우리는 누구나, 나이가 많든 적든 상관없이 꿈을 가져야 합니다. 꿈을 갖는 순간 그 사람의 이미지는 밝아집니다. 또 기왕 꾸는 꿈이라면 작은 것보다 큰 것이 좋습니다. 만약 제가 월드타워 같은 빌딩을 짓는 게 꿈이었는데 3층짜리 건물을 지었다면 용두사미라고 할 수 있겠지요. 반면 아담한 집 한 채를 짓는 게 꿈이었는데 그것을 이뤘다면 이것은 100% 꿈이 달성되었다고 할 수 있습니다. 이런 식으로 풀어가면 용두사미가 좋은 의미로 해석될 수 없겠지만 전 이 논리에 반대합니다. 월드타워를 짓는다는 꿈에서 3층 건물, 아담한 단층집를 짓다는 꿈에서 그저 집 한 채라면 전 당연히 월드타워를 꿈꿔 3층짜리 건물을 짓고 싶습니다. 더 큰 것을 이루었기 때문이지요. 용두사미라고 할지언정 제 꿈의 범위가 훨씬 넓어진다면 전 용두사미도 좋은 영향을 미친다고 생각합니다.

꿈은 원대하게 꾸라고 했습니다. 용이 되기를 꿈꿔야 하다못해 이무기라도 되지 않겠습니까? 처음부터 뱀이 되기를 꿈꾼다면 용은 고사하고 이무기도 될 수 없겠지요. 물론 소박하게 꿈을 이뤄 나가는 것도 굉장히 훌륭한 일이지만 이왕 꾸는 꿈이라면 크게 가지라고, 전 지금의 젊은 친구들에게 전하고 싶습니다. 높이 나는 새가 더 멀리 볼 수 있듯, 더 크고, 더 높은 이상으로 이 세상을 당당하게 걸어가길 바랍니다.

허영심도 때론
자극이 될 수 있습니다

대부분의 사람들은 '허영심'을 우선 부정적으로 봅니다. 그렇다면 왜 우리는 허영심을 부정적인 시각으로 보는 걸까요? 그것은 허영심을 자신의 본분을 모르고 허상을 쫓는 허세만 부리는 것으로 이해하기 때문입니다. 그래서 허영에 찬 사람들을 두고 빈 수레가 더 요란하다거나 겉과 속이 다르다고 합니다. 사자성어로론 외화내빈外華內貧, 즉 겉은 화려하지만 내용은 없다고도 하지요. 그래서 옛날 어느 철학자는 이 허영심을 '인간이 지닌 천한 마음'이라고 했는지도 모르겠습니다.

과연 허영심이란 그렇기만 한 것일까요. 일부에서는 그렇지 않다고 해석하는 사람도 있습니다. 허영심을 다른 사람에게 칭찬받고 싶어 하는 마음이라고 보는 것이지요. 우리는 칭찬받기를 원합니다. 그래서 칭찬받고 싶은 마음에 자신을 부풀려서 표현하고 싶어하지요. 그 과정에서 거짓말도 하고 남을 속이기도 합니다. 하지만 모든 것이 지나치면 부족함만 못한 것처럼 그 마음이 지나치기 때문에 문제가 됩니다. 허영심의 도가 지나친 사람은 범죄를 저지르면서까지 자신의 위신을 세우려고 합니다. 짝퉁으로 판치는 한국이 된 것도 누군가에게 칭찬받고 싶은 마음에, 그래서 특별해지고 싶은 마음에, 그렇게 된 것은 아닐까 싶습니다.

몇 년 전 허영심에 고급 외제차를 샀다가 그 대출금을 갚기 위해 절도를 저지른 30대가 경찰에 붙잡혔습니다. 더 어처구니없는 것은 어두운 새벽 남의 집에 들어가 물건을 훔치고 근처에 세워놓은 고급 외제차를 타고 달아난 행태입니다.

그러나 저는 허영심이 남에게 칭찬받고 싶어 하는 마음이라면 굳이 부정적으로만 볼 필요는 없다고 생각합니다. 남에게서 칭찬받고 싶은 마음 때문에 자신을 향상시키기 위해 더 노력하는 것은 오히려 지향해야 할 자세입니다. 우리는 부모에게 사랑받고 싶어 착한 행동을 하고, 선생님에게 칭찬받기 위해 열심히 공부하고, 회사에서 인정받기 위해 더 열심히 일하지 않습니까? 그래서 때론 허영심이 사람을 움직이는 훌륭한 동기부여가 될 수 있습니다.

자신을 알아주고 칭찬해주는 사람이 없다면 우린 무슨 재미로 자신을 향상시키겠습니까? 열심히 공부해도, 열심히 일해도 아무도 알아주지 않는다면, 아무도 칭찬해주지 않는다면 의욕이 뚝 떨어질 겁니다. 더불어 그런 자신에게 자신조차 관심을 기울이지 않을 겁니다. 전 칭찬이 사람에게 가장 큰 동기부여가 된다면 칭찬받고 싶은 마음이라는 허영심은 반드시 우리가 가져야 하는 가치일지도 모른다고 생각합니다.

물론 오로지 남에게 잘 보이기 위해 공부하고 일한다면 문제가 됩니다. 남이 알아주지 않아도 묵묵히 자기 일에 전념하는 자세가 필요합니다. 남의 의식하며 일하는 순간 그것은 가식적인 행위밖에 되지 않습니다. 가식이 아니라 진정으로 자신의 모든 것을 다 보여주고 그 결과 좋은 성과를 얻어 칭찬을 받는 것이 여기서 말하는 허영심의 참뜻이라고 할 수 있지요.

앞에서 용두사미에 대해서 말한 적이 있습니다. 허황된 꿈만 꾸고 그것을 실천하지 못하거나 성취하지 못했을 때 용두사미라는 사자성어를 사용하지요. 하지만 저는 허황된 꿈이라고 비칠지 모르지만 그 꿈을 꾸는 당사자가 조금이라도 실천이 가능하다면 결코 나쁜 것이 아니라고 생각합니다. 왜냐하면 그는 그 꿈이 허황된 것이 되지 않도록 자신의 모든 것을 다 바칠 테니깐 말이지요. 허영심도 같은 맥락에서 볼 수 있습니다. 출세하고자 하는 꿈, 어쩌면 그것이 허황된 것일지라도, 그런 꿈을 가졌기에 오늘도 땀을 흘리며 달리는 게 아니겠습니까. 최고가 아니더라도 2등, 3등이라도 상관없습니다. 그것으로 칭찬받을 수 있다면 저는 허영심이라는 감정에 부정적인 느낌을 갖지 않습니다.

우리를 움직일 수 있는 힘이나 동기 또는 의지를 준다면 전 그것을 최대한 활용하라고 말하고 싶습니다. 다만 가식적으로 그저 남에게 보여주기 위한 마음이라면 버리는 것이 좋습니다. 일하는 척, 공부하는 척, 예쁜 척, 착한 척만 하는 마음은 우리에게 전혀 도움이 되지 않습니다. 가식적이지 않다면, 아무런 실리도 없는데 명분만 쫓는 것이 아니라면, 허례와 허식에만 그치지 않는다면 허영심은 우리의 잠재력과 능력을 키워주는 산소와 같은 자극제가 될 수도 있을 것입니다.

당신에게 주어진 시간은
온전히 당신의 것입니다

인생은 한 번뿐이지만 제대로만 산다면
한 번으로도 충분하다.
You only live once, but if you work it right,
one is enough.
|
조 E. 루이스(미국의 코미디언이자 가수)

가장 손쉽게 얻을 수 있는 것이 무엇인지 묻는다면
저는 '시간'이라고 답하고 싶습니다. 반면 가장 손쉽게 얻을 수 없는 것
이 무엇인지 묻는다면 그것 또한 전 '시간'이라고 답하고 싶습니다. 시간
은 누구에게나 공평하게 주어지지만 그것을 온전히 자신만의 것으로
만들지 아니면 다른 사람에게 휘둘려 쫓아다닐지는 당신의 역량에 달려
있습니다.

누구나 다 알다시피 시간은 마냥 당신을 기다려주지 않습니다. 지금

지나치고 있는 시간은 다시는 돌아올 수 없지요. 그렇기에 누구에게나 공평한 하루 24시간을 효율적으로 관리하고 사용해야 합니다. 남 놀 때 같이 놀고, 남 잘 때 같이 자면서 남보다 더 공부를 잘하고, 남보다 더 성공하고, 남보다 더 부자가 되는 일은 없습니다. 무언가를 얻은 사람들은 우리에게 주어진 공평한 시간을 우리보다 더 특별하게 활용했기 때문에 가능했던 것입니다. 우리는 우리의 삶을 정지시켜선 안 됩니다. 더구나 삶을 후퇴시켜서도 안 되지요. 오로지 우리의 삶을 전진시켜야 할 시간입니다. 전석홍 시인은 그의 시 '삶의 의미'를 통해 우리에게 시간의 중요성을 전했는데 한번 느껴볼까요?

갈 길 벗어나
의미 없는 시간 보내는 것은
삶의 낭비입니다.

자신을 이기지 못해
감정에 흔들려 움직이는 것은
삶의 공허입니다.

할일 앞에 두고
땀 흘리지 않은 채
머리로만 헤아리고 있는 것은

삶의 정지입니다.

바르게 하늘로 머리 향하고
두 다리 굳게 대지에 붙여
나아갈 방향 잡아
묵묵히 할일에 힘쓰는 것은
삶의 전진입니다.

인간은 누구에게나
고르게 주어진 시간,
의미 있는 열매를 맺어
자기 바구니에 담는
시간의 존재입니다.

시간의 소중함을 아는 사람들은 성공을 앞두고 있는 것과 같습니다. 그런데 성공한 사람들이 어떤 성향을 가지고 있는지 아십니까? 굉장히 미래지향적이지요. 미래지향적이라고 하면 내일을 위해 오늘의 시간을 최대한 활용하기 위해 미리 계획하고 준비하는 것을 말합니다. 일부 경제학자들은 성공하지 못한 사람들의 문화는 미래를 준비하고 투자하기보단 그때그때의 쾌락이나 순간적인 즐거움과 만족을 우선한다고 지적합니다.

물론 보통 사람들은 확실하지 않은 미래보다 눈에 바로 보이는 현재가 더 소중하게 와 닿을 겁니다. 그래서 현재에 충실하기 위해 노력하지요. 이것도 틀린 것은 아닙니다. 언제 생을 마감할지 모르는 불확실한 인생사에서 현재에 충실한 것도 좋은 삶일 수 있습니다. 다만 너무 현재에 만족하면 그 이상의 발전은 없다고 봐야 합니다.

인생은 오늘보다 내일이, 내일보단 모레가 더 나아야 합니다. 비록 불확실할지도 모르지만 더 나은 미래를 위해 오늘의 작은 만족은 뒤로 미룰 수 있어야 합니다. 사회에서 크게 성공한 사람은 오늘보다 미래에 투자한 사람들이라고 할 수 있습니다.

경영학이나 행정학에선 계획성 있는 시간 관리를 강조하며 소위 '시간 관리 행위'라는 분야를 발전시키고 있습니다. 그만큼 시간을 좀더 효율적으로 활용해 먼 미래에 대한 계획을 세워야 한다는 것이지요. 미래에 대한 계획과 준비가 중요한 것은 비단 이 제한된 시간의 효율적 활용 때문만은 아닙니다. 변화의 속도가 빠른 현 사회에서의 생존경쟁 또한 과거보다 훨씬 더 치열해지고 있습니다. 이 상황에서 생존하고 성공하기 위해선 미래에 대한 철저한 준비가 있어야 합니다. 아무런 준비 없이 치열한 경쟁사회에 적응하고 이겨낼 수 있을까요? 아마 그렇지 않을 것입니다.

미국의 하워드 가드너는 자신의 저서 『미래마인드』에서 인생을 성공적으로 살기 위해서 갖추어야 할 다섯 가지 마음자세를 강조했습니다. '훈련된 마음', '종합하는 마음', '창조하는 마음', '존중하는 마음' 그리고 '윤리적인 마음'이 그것입니다. 이처럼 미래지향적인 마음자세가 중요한 것은 영국의 윈스턴 처칠도 "미래의 제국은 마음의 제국이다"라는 말로 역설했습니다.

우선 '훈련된 마음'은 적어도 한 가지 분야에서 전문적 사고를 할 수 있는 통달한 상태를 말합니다. 사람이 한 분야에 통달하기 위해선 적어도 10여 년의 시간이 필요하다고 합니다. 이 마음을 가지지 못하면 자신의 미래를 자신이 결정하지 못하고 남의 장단에 자신의 운명을 맡겨야 하는 신세가 되고 맙니다.

두 번째 '종합하는 마음'은 다양한 정보를 얻고 그 정보를 객관적으로 이해하고 평가하여 다른 사람이 그것을 이해할 수 있도록 재구성하는 능력을 가진 상태를 말합니다. 정보의 바닷속에 살아가는 현대인에게는 무엇보다 중요한 능력이 아닐까 합니다.

세 번째 '창조하는 마음'은 전문성을 가지고 유익한 정보를 재구성할 줄 아는 능력을 바탕으로 새로운 아이디어를 내고 독창적으로 문제를 해결할 줄 아는 신선한 사고방식을 창출해냄으로써 혁신적인 문제해결에 이르는 능력을 가진 상태를 말합니다.

네 번째 '존중하는 마음'은 인간관계와 사회적 네트워크가 중시되는 현대에 다른 사람을 이해하고 그들과 효율적으로 교류하고 함께 일하려는 상태를 말합니다. 인간이 사회적 동물임을 감안한다면 매우 중요한 마음가짐이라고 할 수 있습니다.

다섯 번째 윤리적인 마음은 개인의 이익을 넘어 더 큰 목적에 봉사할 수 있는 상태를 말합니다. 미국의 아이비리그대학 중의 하나인 다트머스대학교에서 최초의 아시아계 총장이 된 김용 교수가 좋은 사례가 되겠지요. 김용 총장은 브라운대학교에서 정치학이나 철학을 전공하고 싶었다고 합니다. 그러나 미국에서 동양인 차별을 직접 겪은 그의 아버지는 그에게 이렇게 말했습니다.

"너는 소수인종이니 기술이 필요하다. 기술을 먼저 익힌 뒤 다른 것들을 추구하거라."

아버지의 충고는 그에게 크게 와 닿았고 김용 총장은 1982년 하버드 의대에 입학했고 의사로서 자신의 능력을 사회에 기여하는 길을 모색하며 아이티에서 의료 봉사를 시작했습니다. 그는 하버드대학교 교지 인터뷰에서 이렇게 말했습니다.

"아이티는 나에게 큰 영향을 미쳤습니다. 그토록 절망적인 상황이 있을 수 있다는 것은 전엔 꿈도 꾸지 못했습니다. 그때 나는 아이티와 같은 빈국의 참혹한 상황을 개선하는 일이야말로 나에게 맡겨진 소명이라고 생각했습니다."

그는 자신의 인종 정체성에 대한 고민을 헌식적인 사회봉사로 극복했습니다. 그 결과 그는 다트머스대학교에서 최초의 아시아계 총장이 되었지요. 결국 성공적인 사람이 되기 위해서는 오랜 훈련과 노력으로 적어도 한 가지 분야에서 전문성을 가져야 하며, 전문성을 활용하여 수집한 정보를 유용한 것으로 재구성하고, 재구성된 종합적인 정보를 토대로 창조적인 사고 능력과 창의적인 문제해결 능력을 키우며, 상대방을 존중하고 배려할 줄 아는 마음의 여유를 가지고, 사회에 헌신하고 봉사하고 기여할 수 있는 마음가짐이 되어 있어야 한다는 것입니다. 이것이 바로 미래지향적인 사람의 '미래마인드'인 것입니다.

삶을 준비할 시간도 없이 태어난 우리들

누군가 인생은 연극과 같다고 했습니다. 인생은 대본도 없고 리허설도 없는 연극이라고 하지요. 인생이 연극이라면 전 혼자서 연기해야 할 모노드라마라고 말하고 싶네요. 그렇다면 우리는 배우가 되겠지요. 그런데 배우는 극본에 따라 감독이나 연출자의 지시대로 웃고 우는 연기를 할 뿐입니다. 그런데 똑같은 대본과 역할이라고 하더라도 배우가 누구냐에 따라서 극의 재미가 달라집니다.

우리 삶도 이와 다를 바 없다고 생각합니다. 누구나 이 세상을 사는 똑같은 무대를 가지고 있습니다. 하지만 그 삶을 영위하는 사람에 따라 전혀 다른 삶이 펼쳐집니다. 물론 빈부와 능력의 차이, 남녀 차별 등으로 다름이 있겠지만 기본적으로 그 사람이 삶을 어떻게 사는지에 따라 희극이 되기도 하고 비극이 되기도 합니다. 우리는 이 점을 자주 간과하지요.

다만 연극은 미리 쓰인 대본이 있고 그 대본대로 연기를 하면 되지만 우리 삶은 대본이 주어지지 않은 상태로 어떻게 펼쳐지고 끝나는지 아무도 알 수 없습니다. 그리고 연극과 달리 자신의 삶을 대신 살아주는 대체배우도 없지요. 인생이란 연극에서 대본은 자신이 써야 하고 자신이 직접 그 대본대로 극을 연출하고 연기해야 합니다. 그러니 얼마나 고단할까요? 우리의 삶은 극작가도 자신이고, 연출가도 자신이고, 배우도 자신입니다.

하지만 우리에겐 주연을 도와주는 조연이 있습니다. 부모일 수도, 스승일 수도, 친구일 수도, 직장 상사일 수도 있지요. 이 외에도 복잡한 인연을 거쳐오는 인연도 있겠지만 우리는 조연의 덕분으로 이 세상을 조금은 수월하게 살아갈 수 있는 것 같습니다. 다만 우리 인생은 어떤 식으로 극을 이끌어가느냐에 따라 흥겨운 뮤지컬이 될 수도 있습니다. 더불어 우리 주변에는 인생 2막은 물론이고 3막과 4막을 사는 사람이 많습니다. 그리고 인생 1막이 2막의, 2막이 3막의 리허설이 될 수도 있지요.

삶이라는 연극에서 연습할 수 있는 준비 기간이 있다면 좋겠지만 우리는 그저 어머니의 뱃속에서 아무 생각없이 열 달을 머무르다 나온 신생아일 뿐이었습니다. 준비 하나 없이 이 세상을 살아가는 우리들이 매우 대단하지 않습니까? 그런 자신에게 칭찬을 보내면서 이 인생을 잘 연출할 수 있도록 다시 한 번 힘내보는 것은 어떨까요?

기회가 와도 잡지 못하는 것은
그것을 받을 준비가 되어 있지 않은 겁니다

인생의 비극은 사람들이 받는 고통보다는
사람들이 놓치는 아쉬움에 있다.
The tragedy of life is not so much what men suffer,
but rather what they miss.
|
토머스 칼라일(이상주의적 사회 개혁을 외친 영국의 평론가이자 역사가)

인생에서 성공의 기회는 그리 많지 않습니다. 기회를 잡는다는 것은 어떤 측면에서 남보다 당신이 무언가를 먼저 차지하는 것에서 시작됩니다. 이런 기회는 아무에게나 주어지는 것은 아닙니다. 그것을 받아들이기 위해 노력한 사람에게만 주어지지요.

그래서 우리는 기회를 잘 잡기 위해서 준비를 해야 합니다. 준비되지 않은 사람은 기회가 와도 온지조차 알지 못하거나 알았더라도 그 기회를 어떻게 잡을지 모릅니다. 일본 메이지시대의 실업가로 미쓰비시의 창업자인 이와사키 야타로는 "강물 속을 하루 종일 들여다보고 있어도 물고기는 잡히지 않는다. 물고기는 그물 없이는 잡을 수가 없다. 그렇기 때문에 사전에 미리미리 그물을 준비해두지 않으면 물고기는 잡을 수가 없다. 인생에서도 마찬가지다. 확실히 준비가 되어 있지 않으면 기회가 왔을 때도 그것을 놓쳐버리고 마는 것이다"라고 했지요. 사실 이와사키 야타로라는 사람은 그다지 믿을 만한 사람은 아니지만 그가 이뤄낸 성공은 기회를 잘 잡았기 때문에 가능했던 겁니다.

그렇다면 우리는 무엇을 준비해야 할까요? 『둔감력 수업』의 저자 우에니시 아키라는 먼저 지식을 습득하는 것이라고 말합니다. 자신에게 적합한 정보와 지식을 모아 그것을 자기 것으로 만드는 것이지요. 아무것도 모르면 아무것도 하지 못합니다. 특히 요즘 같은 지식산업사회에서는 지식의 중요함은 더욱 커지기 마련이어서 지식 습득과 정보 축적은 절실한 과제라고 할 수 있지요.

그렇다고 지식과 정보만 습득했다고 모든 것이 다 해결되지는 않습니다. 경제적인 측면도 무시할 수 없습니다. 그래서 저는 평소에 적은 돈이라도 조금씩 저축하라고 권하고 싶습니다. 좋은 기회가 왔는데 돈이 없어서 그 기회를 놓쳐버린다면 얼마나 애석하겠습니까? 다만 요즘 빈부차이가 커지고 있어 쓸쓸함이 가득하지요. 대학교에 들어간 순간부터 대출 인생이 시작된다고 하는 젊은 친구들의 현 상황을 생각하면 안타깝습니다.

반면 그 나이에는 어울리지 않는 혹은 살 수 없는 옷이나 가방 그리고 자동차를 소유하고 있는 젊은 친구들을 보면 조금 당혹스럽습니다. '어디서 나온 돈일까?'를 궁금해하기도 하지요. 물론 열심히 일해 그 돈을 차곡차곡 모아 산 것일 수도 있겠지만 추후 어느 정도 기반을 잡은 뒤 그런 것들을 누릴 수 있으니 지금은 그 돈을 모아 앞으로 전진할 수 있는 종잣돈으로 활용하기 바랍니다.

물론 우리가 인생을 살아가는 데 있어서 기회를 잡고 그 기회를 성공으로 전환하기 위해서 준비해야 할 것이 비단 지식 습득과 저축만은 아닙니다. 결코 예측할 수 없는 '다음'에 대비하는 마음을 가지고 있어야 합니다. 우리가 항상 승리하고 성공할 수 있는 것은 아니기에 늘 '다음'을 준비하는 마음자세를 가지고 있어야 하지요. 더불어 성공했을 때 실패의 가능성도 생각해보고 만약 그럴 경우 어떻게 대처해야 하는지도 살펴봐야 합니다.

『둔감력 수업』에서 우에니시 아키라는 성공했을 때야말로 실패했을 경우를 생각하지 않으면 안 된다고 역설했습니다. 이는 주식과도 비슷하지요. 주식은 오를 때도 있고 내릴 때도 있기 때문에 팔 시점과 살 시점을 정확하게 파악하지 못하면 실패하고 맙니다.

이 점을 우리 인생에 그대로 적용할 수 있습니다. 인생도 주식과 마찬가지로 오르막과 내리막이 있기 때문이지요. 이를 권력에 빗대어 우리는 '권불 10년', 즉 어떠한 권력도 10년도 가지 못한다고 하지 않습니까. 이처럼 인생은 이기기만 하는 것이 아니라 질 수도 있어요. 실제론 이길 때보다 질 때가 더 많지요. 물론 어려운 상황에서 인생의 대박을 터뜨리는 경우도 종종 보기도 합니다. 그래서 '쥐구멍에도 볕 들 날 있다'라는 속담이 있는 것 아니겠습니까.

인생이 아주 잘 풀려 왠지 편안한 길만 걸을 것 같지만 삶은 그렇게 호락호락하지 않습니다. 언제든 나락으로 떨어질 수 있습니다. 「나는 자연인이다」라는 프로그램은 산속에서 자신만의 보금자리를 만들고 그 안에서 행복을 추구하는 사람들이 나옵니다. 그들의 이야기를 들어보면 대부분 젊었을 때는 꽤나 성공적인 삶을 산 듯하지만 어느 순간 불행이 몰아쳐 모든 것을 버리고 산속에서 위안을 받지요.

승자는 언제든 자신이 패자가 될 수 있다는 점을 기억하며 지금보다 더한 노력을 기울어야 하고, 패자는 언젠가 승자가 되기 위해 최선을 다해 준비를 해야 합니다. 실패할 가능성에 대해서도 준비를 하는 사람은 실패에 대한 아픔도 적습니다. 더불어 그것을 극복할 마음이 더 강해지고 실패를 극복할 수 있는 좋은 기회와 방법도 더 많이, 더 쉽게, 더 빨리 찾습니다.

5력의 힘을 믿으면 인생이 풍요로워집니다

인생에도 배움의 단계가 있습니다. 평생 '배움'이라는 단어를 안고 살아가야겠지만 그것마저도 바람직한 시기와 때가 있는 법이지요. 7~8살에 초등학교에 입학해 기본 교육을 시작해서 20살에 전문 교육을 받는 것이 가장 이상적입니다.

특히 20대는 인생의 중요한 고비이자 기회입니다. 저는 이 장에서 인생의 성장기이자 투자기라고 할 수 있는 20대의 인생을 성공적으로 지내기 위해서 꼭 갖춰야 할 것에 대해 말하고 싶습니다. 물론 새로운 발상의 능력은 아니지만 우리가 기본으로 꼭 가지고 있어야 할 능력입니다.

첫 번째, 체력을 길러야 합니다. 아프면 아무것도 하지 못합니다. 건강한 몸은 무언가를 하기 위한 가장 기본적인 전제조건입니다. 만약 당신이 지금 건강 상태가 좋지 못하면 무조건 걸어보세요. 그리고 살짝 뛰어보세요. 걷다가 뛰고, 뛰다가 걷다 보면 자신도 모르게 건강해질 겁니다. 물론 이것은 다른 질병이 없는 상황에서 가능한 일이니 의사의 전문적 처방이 필요한 사람은 예외가 되겠지요.

두 번째, 지식을 쌓아야 합니다. 현대는 지식사회이기 때문에 지식의 습득을 게을리한다면 뒤처지겠지요. 더불어 자신이 속한 분야의 전문성을 길러야 합니다. 과거에는 권위가 권력이나 계급에서 나왔지만 현재는 지식과 전문성에서 나옵니다. 전문성을 가지고 최신의 유용한 정보를 얻은 사람이 권위를 부여받는 세상이지요.

예를 들어 몸이 아프면 의사의 말은 절대적인 신의 목소리와 같습니다. 이것은 의사라는 전문성에서 나오는 권위 때문이지요. 전 지금의 20대가 자신만의 전문 분야를 찾아 그 안에서 전문성을 배양해야 한다고 생각합니다. 다른 사람이 따라오지 못할 정도로 전문성을 기른다면 성공을 쫓지 않아도 찰싹 달라붙습니다.

세 번째, 정신력을 길러야 합니다. 건강한 몸으로 지식과 전문성을 길

렀다면 어떤 힘든 상황에서도 무너지지 않는 정신력을 가지고 있어야 합니다. 언제 어떻게 힘든 상황이 몰아칠지 모르기 때문에 그것을 받아칠 만한 정신력이 필요한 것이지요. 흔히 '유리멘탈'이라는 말을 많이 쓰는데 굳이 신경쓰지 않아야 될 일까지 신경쓰며 자신을 자책하는 경우, 전문성을 기르기 어렵습니다. 이것이 옳다 싶으면 끝까지 밀고 나갈 정신력은 지금 이 시대의 필수 조건이기도 합니다.

네 번째, 경력을 만들어야 합니다. 요즘 산업 자체가 침체기에 있다 보니 아무 경력이 없는 신입보다 바로 실무에 투입될 수 있는 경력직을 선호합니다. 그래서 인턴 경쟁이 심화되어 불합리한 대접을 받는 젊은이들이 늘고 있어 안타까운 마음이 들지만 당장 개선할 수 있는 문제가 아니기 때문에 이 또한 겪어야 할 과정이라고 생각하면서 최선을 다해주기 바랍니다. 물론 전체적으로 불합리한 처사를 개선하는 쪽으로 노력을 기울어야 하겠지만 그때까지만이라도 자신만의 경력을 쌓기 위해 다양한 경험을 해보는 것이 좋습니다.

다섯 번째, 친화력을 높여야 합니다. 미운 말보다 예쁜 말을 하는 사람이 더 호감이 가고, 신경질을 부리기보단 웃는 쪽이 더 예쁜 법입니다. 스스럼없이 다가가 친분을 쌓는 능력은 나이를 먹어서도 큰 도움이 됩니다. 만약 내성적이라서 누군가에게 쉽게 말을 붙이지 못하는 성격이라면 자신의 마음이 다치지 않는 선에서 다른 사람과 친분을 다지는 방법에 대해 생각해봐야 합니다. 물론 그것이 힘들다면 억지로 할 필요는 없습니다. 다른 사람의 말에 귀를 기울이고 웃기만 해도 좋은 이미지를 남길 수 있습니다.

    전 지금의 20대에게 이 다섯 가지 힘 체력, 지식력, 정신력, 경력, 친화력을 기르기 위해 노력을 기울이라고 권하고 싶습니다. 이 5력을 통해 나이가 들수록 점점 더 풍요로워지는 삶을 이룰 수 있을 것입니다.

가장 아름다운 모습은
당신이 당신에게 이겼을 때입니다

승리하는 사람들은 결코 포기하지 않으며,
포기하는 사람은 절대로 승리할 수 없다.
Winners never quit and quitters never win.
|
빈스 롬바르디(미국 프로미식축구팀 그린베이 패커스의 전설적인 감독)

앞날을 미리 준비하는 사람들은 어떤 일을 하든 이성적인 태도를 유지하면서 욕심이나 충동을 잘 참습니다. 즉 절제하고 극기하는 마음이 강하지요. 예전부터 사람이 가진 미덕美德 중에 절제와 극기가 손꼽히는 것은 절제하면서 자신을 이기는 것이 가장 아름다운 모습이기 때문입니다.

그렇다면 당신이 자신과의 싸움에서 승자가 되기 위해선 어떻게 해야 할까요? 물건과 사람을 아끼는 태도를 가져야 합니다. 특히 절약하는 법을 몸에 익히고 실천하는 것부터 시작해야 합니다. 절약이 몸에 밴 사람들은 어떤 일을 하든 신중하게 행동하기 때문에 돈을 쫓기보단 돈을 조용히 불러들이지요. 절약하는 습관을 통해 아끼는 마음을 갖는다면 물건이나 사람에게 함부로 대하지 않습니다.

소비지상주의 시대가 되어버린 오늘날, 절제가 그리 쉬운 일은 아닐 것입니다. 눈만 뜨면 온갖 화려한 상품이 우리들을 유혹하지요. 정보통신의 발전은 이러한 물질만능과 소비지상주의를 더욱 부채질하고 극기와 절제를 통한 절약을 더 어렵게 하고 있습니다. 누구나 갖고 싶은 것, 사고 싶은 것이 있기 마련이고 때로는 사야만 하는 것도 있지만 대부분은 유혹을 이기지 못하고 사지 않아도 될 것을 사는 경우가 많습니다.

물론 소비가 나쁜 것은 아닙니다. 자신에게 필요한 소비는 권장해야 하고, 그것으로 내수경제가 살아날 수도 있지요. 제가 우려하는 것은 불필요한 소비입니다. 특히 보여주기 식의 소비는 때론 눈살을 찌푸리게 하기도 합니다. 자신이 소유한 고급 브랜드의 상품들을 찍어 SNS을 통해 올리는 행동은 결국 돈 자랑입니다. 이런 부류의 사람들은 돈의 진정한 소중함을 알지 못하기 때문에 다른 사람들에게 자랑하고 싶은 것입니다. 한 래퍼의 돈 자랑은 어릴 적 가난에 대한 상처를 보듬기 위해, 자신과 같은 사람도 이렇게 성공할 수 있다는 본보기로 보여주기 위해서라지만 글쎄요…….

반대로 자신이 땀 흘리며 열심히 일을 하여 재산을 축적한 사람은 일과 돈의 소중함을 알기 때문에 돈을 함부로 헛되이 낭비하지 못합니다.

아니, 할 수가 없지요. 하지 않는 게 아니라 할 수가 없는 것입니다. 그래서 예전부터 돈은 개처럼 벌어서 정승같이 쓰라고 하지 않았습니까. 사람은 오늘보다 내일 그것도 더 나은 미래를 위해서 절제하고 극기할 줄 알아야 합니다.

극기와 절제가 필요한 곳은 비단 경제만이 아닙니다. 한순간의 유혹과 충동을 이기지 못하거나 화를 참지 못하는 욱하는 성격 때문에 적지 않은 사람들이 범죄자가 되기도 합니다.

옛날부터 '참는 자에게 복이 온다'고 했습니다. 자기 자신도 이기지 못하는 사람이 어떻게 다른 사람을 이길 수 있겠습니까. 자기 자신과의 싸움에서 이겼을 때 다른 사람도 이길 수 있는 법이니 절제하고 극기하는 마음을 쌓기 바랍니다.

사람이 사람을 대할 때, 결코 잊어서는 안 될 것이 있습니다

우리는 수많은 사람들을 만나면서 삶을 영위합니다. 개인적인 인연도 있고 공적인 인연도 있지요. 각 인연마다 특성이 있긴 하지만 사람을 만나 대화를 하고 나름의 정을 갖게 되는 것은 별반 차이가 없습니다.

그래서 현대를 네트워크 사회라고 하고, 사람의 능력을 지능지수 Intelligence Quotient가 아닌 네트워크 지수Network quotient로 평가하기도 합니다. 사람과 사람의 관계는 매우 중요합니다. 그렇다면 인간관계를 잘하기 위해선 무엇이 필요할까요?

여러 가지 요소가 있겠지만 사람과의 관계를 설정하고 이어가는 데 있어서 중요한 것 중의 하나가 바로 첫인상이라고 합니다. 첫인상이 좋아야 관계가 시작될 수 있다는 것입니다. 그렇다면 그 좋은 관계를 유지하려면 어떻게 하면 좋을까요?

데이비드 슈워츠는 『크게 생각할수록 크게 이룬다』에서 호감을 사는 10가지 방법에 대해서 설명하는데 여기에서는 그중 몇 가지만 소개하겠습니다.

첫째, 상대방의 이름을 기억하는 것입니다. 누구나 자신의 이름을 기억해주는 사람에게 호감을 느끼는 것은 당연지사겠지요. 그만큼 관심이 있다는 뜻이기 때문에 가급적 누군가를 만날 때는 이름을 정확하게 불러주는 것이 좋습니다. 반대로 상대방의 이름을 기억하지 못하는 것은 그 사람에 대한 관심이 충분하지 않거나 관심이 없음을 표현하는 것이기에 호감을 주기 어렵습니다.

두 번째, 편안함을 주는 사람이 되는 것입니다. 어렵게 시간을 내서 만났는데 자신에게 부담을 주는 사람이라면 다시는 만나고 싶지 않을 겁니다. 부드러운 대화를 통해 상대방의 위화감을 줄이면서 편안함을 준다면 다시 또 만나고 싶은 마음이 들 것입니다.

세 번째, 여유로운 성품을 가지는 것입니다. 어떤 일을 당해도 안달하거나 호들갑을 떨지 않을 만큼 느긋하고 여유 있는 성품을 가져야 합니다. 우리는 조급한 마음과 욱하는 성질 때문에 일을 망치는 경험을 곧잘 합니다. 작은 일에 웃고 울 필요는 없으니 조금은 너그러운 마음으로 여유롭게 상황에 대처하는 것이 좋습니다.

또 그는 이기적으로 행동하지 말라고도 합니다. 모든 것을 자신 위주로만 생각한다면 그 만남은 진실할 수 없고 상대방에게 호감을 줄 수 없습니다. 특히 자신이 모든 것을 다 안다는 태도는 건방지고 욕심 많은 사람으로 비치기 쉽고, 너무 모르쇠로 일관해도 야비하거나 약아 보입니다. 상대에게 경계심만 불러일으키니 솔직하게 진실한 마음으로 사람을 대한다면 호감을 얻는 것도 그리 어려운 일은 아닐 것입니다.

그 밖에도 데이비드 슈워츠는 사람들이 자신과의 교제를 통해 뭔가 얻을 수 있을 만큼 흥미로운 자질을 개방하라고 충고합니다. 그 사람을 만나면 기분이 좋아지고, 지식을 얻을 수 있고, 정보를 얻을 수 있고, 배울 게 많다는 등 뭔가 보탬이 되는 사람이 되라는 것이지요. 내가 상대에게 보탬이 될 수 있는 사람이라면 상대가 나에게 먼저 손을 내밀겠지만 보탬은 고사하고 손해만 끼치고 아무런 도움이 되지 못한다면 붙잡고 싶어도 도망갈 것입니다. 호감을 얻기 위해선 이타적인 행동이 우선이니 그런 마음이 절로 우러나오도록 자신을 갈고닦아야 합니다.

그렇다면 우리는 다른 사람의 첫인상을 어떻게 평가하면 좋을지도 이야기해볼까요? 중국 당나라 시절 관리들을 등용할 때 인물을 평가하기 위한 기준이 있는데 이것이 신언서판입니다. 고전이지만 현대적 의미로도 가치가 있는 판단 기준인 것 같습니다.

우선 신身은 사람의 신체 또는 외모로 곧 그 사람의 풍채와 용모를 말합니다. 우리는 흔히 "아, 그 사람 풍채가 좋아"라는 말을 하는데 이때의 풍채가 '신'에 해당합니다. 또 "남자 나이 마흔이면 자기 얼굴에 책임 져야 한다"라는 말도 하는데 이는 모두 사람의 용모는 단정하고 풍채도 좋아야 함을 강조하는 것이지요.

언言이란 그 사람의 말솜씨를 뜻합니다. 아무리 지위가 높고 지혜롭 고 지식이 많다 하더라도 말의 조리가 없고 저속하다면 품격이 떨어집니 다. 또는 자신의 의견을 충분히 표현하지 못하거나 자기주장을 제대로 펼치지 못하면 정당한 평가를 받기 어렵습니다.

서書는 그 사람의 필체나 문장력을 말합니다. 지금은 대부분 컴퓨터 를 사용하기 때문에 필체가 중요한 잣대는 아니지만 예전에 그것을 통 해 사람의 됨됨이 즉, 성격이나 학문 정도를 파악했습니다. 다만 글을 이 치에 맞게 쓰는 것은 아직도 중요한 덕목입니다.

마지막으로 판判이란 사람의 판단력, 즉 사물의 이치를 깨달아 아는 판단력을 말합니다. 사람이 아무리 용모가 뛰어나고 글솜씨가 좋고 말 을 잘해도 옳고 그름이나 해야 될 일과 하지 말아야 될 일, 이성적인 것 과 비이성적인 것, 도덕적인 것과 비도덕적인 것 또는 선과 악과 같은 것 에 대한 올바른 판단을 할 수 없다면 위에서 말한 평가 기준들은 다 물거 품이 됩니다.

홀로 가시겠습니까?
누군가의 도움을 받겠습니까?

인생을 살면서 무슨 일을 하던 나와 논쟁할 수 있는
현명한 사람들을 주변에 두어라.
Whatever you do in life, surround yourself
with smart people who will argue with you.
|
존 우든(미국 대한농구 UCLA의 감독)

한때「모래시계」가 인기를 끌었을 때 어린이와 청소년들의 장래 희망이 '조폭'이었다고 합니다. 의리를 중시한 그들의 모습이 멋있게 다가간 것이겠지요.

요즘은 아이돌이 대세입니다. 아이돌 사업을 하면 대박을 친다는 소리도 들리지요. 그래서 그런지 많은 어린이들과 청소년들이 그들을 역할 모델로 삼아 댄스나 노래에 열중하고 있습니다. 오디션 프로그램의 시청률이 높은 것도 그 원인이겠지요. 성공한 사업가를 꿈꾸는 사람들은 빌 게이츠나 스티브 잡스, 워런 버핏, 잭 웰치 같은 기업인들을 역할모델로 삼고 있습니다.

여기 한 고등학생이 있었습니다. 그는 학업 성적이 우수해 대통령 장학생으로 선발되었습니다. 그래서 백악관으로 초청되어 존 F. 케네디 대통령을 만났지요. 그날 이후 그는 자신의 진로를 확실하게 정했습니다. 바로 대통령이 되는 것이었지요. 역할모델은 당연히 케네디였습니다. 부단히 노력한 끝에 그는 드디어 42대 미국 대통령이 되었습니다. 그가 누굴까요? 바로 빌 클린턴입니다.

케네디가 역할모델이 되어 오늘의 자리에 오른 또 한 사람의 세계적인 인사가 있습니다. 그는 바로 한국이 낳은 세계적인 외교관이라고 할 수 있는 반기문 전 UN 사무총장이지요. 그도 클린턴 대통령과 마찬가지로 고등학교 시절 케네디 대통령을 만난 후 외교관의 꿈을 꾸었다고 합니다.

당시 케네디 대통령이라는 세계적 정치 지도자를 만날 수 있다는 것은 엄청난 동기부여가 됐을 겁니다. 만약 그들이 케네디가 아니라 잭 웰치나 워런 버핏을 자신들의 역할모델로 삼았다면 제2의 잭 웰치나 워런 버핏이 됐을 수도 있겠지요. 혹은 그들에게 역할모델이 없었다면 지금의 유명한 정치인이나 외교관이 되지 못했을지도 모릅니다.

이들뿐만이 아닙니다. 요즘 한창 주가를 높이고 있는 한국의 여자 프로골프 선수들을 보면 대단합니다. 세계에서 가장 우수한 선수들이 모인 미국 여자프로골프, 즉 LPGA 투어에는 수많은 한국 선수들이 출전하고 있지요. 한국 선수들은 각종 대회에서 우승을 하거나 상위권의 성적을 선보이고 있습니다. 그들 중에 스무 살 안팎의 여자 선수들이 있는데 이들을 소위 '박세리 키드'라고 합니다. 박세리가 10여 년 전 US여자 오픈에서 연장전 끝에 극적으로 우승하는 것을 보고 골프를 시작했던 어린 소녀들이지요. 당연히 그들의 역할모델은 박세리입니다. 박세리가 없었다면 지금의 그녀들은 활약하지 못했을 겁니다.

결국 대부분의 성공한 사람들은 자신만의 역할모델이 있습니다. 역할모델을 통해 자신의 목표를 분명히 할 수 있고 그 목표를 성취하고자 하는 강한 동기를 부여받을 수 있는 것이지요. 막연하게 그냥 성공만 하겠다고 되뇌는 것보단 목표와 동기가 뚜렷할수록 그 목표를 이룰 가능성이 높아집니다.

특히 역할모델이 있다면 동기부여뿐만 아니라 성공으로 가는 방향을 제시해주기도 합니다. 그들의 실패와 성공담을 통해 위안과 용기를 받기 때문이지요. 그들의 인생을 통해 한 번도 가보지 않은 길이지만 누군가의 도움을 받으며 걷는 것과 같은 느낌을 받습니다.

그래서 저는 젊은 친구들이 자신이 꼭 되고 싶은 인물을 역할모델로 삼아 성공의 길을 안내해주는 인생의 내비게이션으로 활용했으면 합니다. 돈 한 푼도 들지 않는 좋은 나침반이 있는데 빈손으로 홀로 걸어가시겠습니까?

세상이
곧 배움의 터전입니다

한때『내가 정말 알아야 할 모든 것은 유치원에서 배웠다』라는 책이 출간되어 큰 반향을 불러일으킨 적이 있습니다. 퍼시픽 노스웨스트의 한 교회에서 목사로 봉직한 풀검은, 어느 유치원 입학식에서 '내가 유치원에서 배운 것'이라는 제목으로 작고 단순해 보이지만 실은 삶의 기본이 되는 진리에 관해 이야기합니다.

이 연설은 그곳에 있는 사람들의 뜨거운 공감과 호응을 얻어 미국 전역으로 퍼져나갔지요. 삶의 지혜는 대학교 상아탑 꼭대기가 아니라 유치원의 단순한 진리에 있다고 강조하는 이 책은 조기 교육의 중요성을 강조한 책이기도 합니다.

그러나 사람들이 모든 교육을 학교에서만 받는 것은 아닙니다. 삶의 가치와 도덕 등은 오히려 가정이나 사회에서 먼저 배웁니다. 우리가 살아가는 데 필요한 것을 배우고 그것을 나의 것으로 내재화하는 것을 학문적으론 '사회화'라고 합니다. 가정이 1차 사회화기관이고, 학교가 2차 사회화기관이며, 사회가 3차 사회화기관이라고 할 수 있습니다. 이것만 보더라도 학교 교육보다는 가정과 사회에서의 교육이 더 중요함을 알 수 있지요.

중국의 장샤오핑이라는 사람은 "세상아! 오늘 아침 나는 사랑스런 내 아들을 너에게 맡겼다. 몇 년 후 내 아들을 어떤 사람으로 돌려보낼 것인가?"라고 하여 사람은 세상이 키운다는 점을 강조한 바 있습니다. 자식의 올바른 교육을 위하여 교육 환경이 좋은 곳으로 세 번씩이나 이사를 했다는 '맹모삼천지교'도 바로 교육의 장으로서 사회를 보여주는 대목이지요.

우리가 살아가는 세상이 바로 우리가 모든 것을 배우고, 우리에게 모든 것을 가르쳐주는 배움과 가르침의 장입니다. 그것은 직접 경험보단 간접 경험을 통해 배우는 것이 더 많기 때문이지요. 그런 면에서 전 사회는 곧 하나의 큰 학교요, 교실이요, 책이라고 생각합니다.

단적으로 사회가 오염되어 있으면 그 속에서 살아가는 사람들은 어쩔 수 없이 오염된 공기를 마시고 살아야 합니다. 청개구리도 감나무와 같은 나무에서 생활하면 초록이 아니라 회색의 나무 빛깔을 하고 있고, 사막의 선인장은 살아남기 위해서 잎보단 가시를 많이 가지고 있지요. 우리는 주위 환경이나 조건과 무관하게 살 수 없으며 환경의 지배 아니면 영향을 받을 수밖에 없습니다.

모든 학습의 출발은 바로 흉내내기에서 시작합니다. 말을 배우는 것도 상대방의 말을 귀로 듣고 입모양을 흉내내는 것에서 시작하는 것이지요. 여자아이들이 엄마의 화장대에서 화장품을 찍어 바르는 것도 엄마가 그렇게 하기 때문에 따라하는 것입니다.

어릴 적 학대받은 아이는 훗날 자신의 자녀에게 학대할 확률이 높고, 가정폭력을 겪은 아이는 훗날 자신의 가정 내에서 폭력을 행사할 확률이 높습니다. 이런 통계적 수치는 환경의 중요성을 여실히 보여줍니다.

그런 면에서 『내가 정말 알아야 할 모든 것은 유치원에서 배웠다』의 책은 조기교육과 인성에 대해 좋은 지적을 하고 있습니다. 어릴 적 사회를 통해 배우는 것이 대학의 상아탑 꼭대기에서 배우는 것보다 더 우위를 점한다는 것은 진리일 테니까요.

그래서 우리는 지금 자라는 아이들에게 좋은 역할모델이 되어주어야 합니다. 사회가 혼탁하면 사람도 혼탁해진다고 하지요. 우리가 혼탁하면 아이들도 혼탁해집니다. 아이들은 어른의 거울이라는 말이 그래서 있는 것 아니겠습니까?

지금 당신은 어디로 가고 있습니까?

남들과 한 먹잇감을 가지고 싸우지 마세요,
다른 먹잇감을 찾으세요

세상에는 분명히 두 가지 교육이 있다.
하나는 생존의 방법을 가르치는 것이고,
다른 하나는 삶의 방식을 가르치는 것이다.
There are obviously two educations.
One should teach us how to make a living.
The other should teach us how to live.
|
제임스 트러슬로 애덤스(퓰리처상을 수상한 미국의 작가이자 역사학자)

모든 사람들이 자신이 속한 분야에서 최고가 되고 싶어 합니다. 특히 치열한 경쟁을 겪는 사람들은 누군가보다 앞서가기 위해 부단하게 노력하지요. 그래서일까요? 용의 꼬리보단 닭의 벼슬이 되고 싶어 하는 사람들이 늘고 있습니다.

비록 격은 다르지만 닭의 벼슬은 스스로 갈 길을 결정할 수 있으니 오히려 전화위복이 될 수 있을 겁니다. 넘버 원Number One이 아니라 온니 원 Only One이 되고 싶은 사람들이지요. 1등이라는 최고의 자리보단 자신만의 유일함이나 독특함을 더 소중히 여기려는 것입니다.

넘버 원은 다른 사람들과 자신을 비교해 상대적으로 우위를 정하는 순서에 불과합니다. 자신이 넘버 원이라고 칭하기보단 다른 사람들이 그렇게 불러주는 겁니다. 결국 넘버 원은 남들과 경쟁한 결과인 전리품인 것이지요. 넘버 원이 된다는 것은 굉장한 일이고 자신이 그만큼 노력했기 때문에 얻은 자리이긴 하지만 주체적일 수는 없습니다.

반면 온니 원은 다른 사람과의 경쟁에서 한 발짝 물러나 스스로 주도적이고 주체적으로 만든 지위이자 신분입니다. 남들과의 경쟁에서 승리한 전리품이 아니라 자신과의 싸움에서 이겨낸 공적인 것입니다.

『제로 투 원Zero to One』의 저자 피터 틸은 과거엔 남들과의 경쟁우위만 되면 모든 것이 오케이였지만 현재는 경쟁우위보단 선점우위가 중요하다고 했습니다. 남들과 같은 먹잇감을 두고 경쟁하여 이기는 경쟁우위의 전쟁보다는 남들이 찾지 못한 먹잇감을 먼저 쟁취하는 선점우위가 필요하다고 강조한 것이지요. 선점우위는 경쟁을 피할 수 있어 좋고 새로운 먹거리를 찾아 좋다고 합니다. 남들보다 출발이 빠르기 때문에 온니 원에서 베스트 원Best one이 될 수도 있지요.

동물행동학자 최재천 교수는 민벌레의 일인자입니다. 가장 하찮아 보이는 민벌레를 관찰하며 시작한 그의 학문은 이미 세계적으로 유명하지요. 영미에선 그가 쓴 책 『개미 제국의 발견』이 베르나르의 『개미』보다 더 많이 팔렸다고 합니다. 그는 『자기 인생의 철학자들』에서 이렇게 말합니다.

"기를 쓰고 경쟁이 심한 분야에 들어가지 않고 하고 싶은 걸 했더니, 이젠 이 분야가 또 스포트라이트를 받아 제가 최고가 된 거예요."

넘버 원은 대부분의 사람들이 열망하는 자리여서 언제나 경쟁이 따르고 언제든 순위가 바뀔 수 있기 때문에 그 지위 또한 유동적입니다. 하지만 온니 원은 넘버 원보다 선택의 범위가 더 넓기 때문에 기회가 많습니다. 넘버 원은 실력으로 이겨야 하지만 온니 원은 아이디어나 발상의 전환으로 가능합니다.

결국 자신만의 것, 자신만이 할 수 있는 무언가를 쥐고 있다면 경쟁이 있다고 하더라도 우위에 서지 않을까 합니다. 성공할 가능성은 남과는 다른 생각에 있다는 것을 우리는 잊지 말아야 할 것입니다.

잘하고 있습니다만
더 잘할 수 있는 것을 찾는 것도 중요합니다

인간의 능력을 평가하는 방법과 내용은 매우 다양합니다. 일찍이 우리는 사람의 능력을 평가하기 위하여 단순히 지적 능력, 즉 지능지수를 측정했지요. 앞에서도 말했듯이 사람에겐 단순한 지적 능력뿐만 아니라 여러 가지 다양한 능력이 있습니다.

그 결과 한때는 지능보다는 감성지수Emotional Quotient를 중시하기도 했고 혹자는 교육지수Educational Quotient가 중요하다고 주장했으며 일부에선 인간에게는 사회성이 중요한 덕목이라고 하여 사회성지수Social Quotient

를 높이 평가했고, 최근에 들어서는 인간이 사회적 동물임을 인지하여 사람의 친화력, 즉 네트워크 능력을 강조합니다.

물론 인간이 만물의 영장으로서 다양한 지능의 소유자임을 감안한다면 단순한 지적 능력뿐만 아니라 위에서처럼 가능한 많은 능력을 가지고 있다면 더없이 좋을 것입니다. 그러나 조물주는 참 평등한 분이셨는지 누구에게도 그 모든 능력을 다 주지 않았습니다.

우리는 누구나 남보다 더 잘하는 것 하나쯤은 갖고 있습니다. 다른 것은 몰라도 수학을 참 잘하는 사람, 수학은 못해도 외국어를 잘하는 사람, 공부는 별 흥미가 없어도 운동을 잘하거나 그림이나 음악을 잘하는 사람처럼 말이지요. 그래서 이 장에선 인간의 그 많은 능력 중에서 현대 사회를 살아가는 데 꼭 필요한 지능의 하나인 예측지능predictive intelligence에 대해서 이야기해볼까 합니다.

한번쯤은 누구나 다 듣게 되는 질문 하나만 해볼까요?

"당신은 무인도에 꼼짝없이 갇혔다. 이때 누군가와 함께할 한 사람을 고를 수 있다면 누구를 택하겠는가?"

이 질문에 대부분의 사람들은 당연히 자신이 가장 사랑하거나 좋아하는 사람인 애인, 가족, 친구 등을 데리고 가겠다고 답할 것입니다.

하지만 저는 이 질문에 "당연히 세상에서 배를 제일 잘 만드는 사람을 데려가고 싶다"라고 답하는 사람이 되어야 한다고 생각합니다. 그래야 무인도를 탈출할 수 있지 않겠습니까?

무인도만 나오면 사랑하는 사람들과 다시 만날 수 있습니다. 사랑하는 사람하고 무인도에 갇혔다가 평생을 빠져나오지 못하는 사람보다 얼마나 더 현명한가요? 물론 무인도를 좋아한다면 그곳에서 사랑하는 사람과 평생 그곳에서 살아도 좋습니다.

이런 대답을 할 수 있는 것은 발상의 차이라고 할 수 있습니다. 그러면 그 발상의 차이는 어디에서 나오는 것일까요? 바로 예측지능입니다. 예측지능은 미래의 불확실성에 대해서 적절히 계획하고 상황을 분석하며 그에 맞게 행동하는 능력입니다. 예측지능이 높은 사람은 무언가를 선택할 때 미리 앞을 내다보고 기회를 엿보지요. 이 지능이 높은 사람은 당연히 그렇지 못한 사람보다 위험과 실패를 줄이고 성공과 소득을 극대화할 수 있습니다.

요즘 많은 젊은 친구들이 무언가를 포기하며 수도자처럼 사는 것은 미래의 불확실성 때문일 것입니다. 이것을 극복하기 위해선 예측지능을 높여야 합니다. 예측지능을 높이려면 무엇을 해야 할까요? 유전자처럼 태어날 때부터 갖게 되는 선천적인 것일까요 아니면 후천적으로 길러질 수 있는 것일까요?

전문가들이 말하길 예측지능은 여러 훈련을 통해서 개발되는 지능이라고 합니다. 그리고 경험을 통해 그 힘을 얻을 수 있다고 하지요. 직접 체험하는 경험은 물론이고 책을 통해 간접적으로 얻을 수 있습니다. 물론 다양한 경험을 통하여 창의적인 사고능력을 키우는 것이 우선이 겠지요.

괜한 곳에
에너지를 쏟지 마세요

오래전 지금의 초등학교가 국민학교로 불리던 시절 매일 아침 조회 시간에 국민교육헌장을 외워야 했습니다. 국민 모두는 자신의 타고난 재능을 개발하라는 글귀가 있었지요. 국민이 성공하는 것이 곧 국가의 성공이자 발전이라고 생각했기 때문입니다.

우리는 모두 자신만의 재능을 타고납니다. 아무리 바보고 아무리 못나고 아무리 공부를 못해도 잘할 수 있는 특기 하나는 갖고 태어나는 것이지요. '재주는 곰이 부리고 돈은 되놈이 받는다'라는 속담이 있는데 움직이기 싫어하고 미련한 곰에게도 재주를 부릴 무언가가 있다는 것입니다. 하물며 사랑받기 위해 태어난 우리가 특별한 재능이나 재주가 없을 리 없겠지요.

다만 안타깝게도 대부분의 사람들은 자신의 재능을 제대로 인식하지 못하거나 잘 알고 있더라도 제대로 활용하지 못합니다. 자신의 특별함을 모른 채 오로지 성공한 다른 사람과 자신을 비교하고 못남을 탓하며 엉뚱한 곳에 에너지를 소비합니다.

성공한 다른 사람이 가진 재능을 인정하되 그것을 좇지 마세요. 그 재능은 그 사람만이 가진 것이니 우리가 따라할 수 있는 것이 아닙니다. 반대로 당신이 가진 재능은 당신만의 것이라서 아무리 잘난 사람이라도 그것을 따라할 수 없습니다.

프로골프 신지애 선수의 이야기가 화제가 된 적이 있었습니다. 운동을 좋아하는 그녀의 아버지는 신지애 선수를 스포츠선수로 키우기 위해 어릴 적부터 양궁을 시켰다고 합니다. 양궁은 대한민국이 세계적으로 강한 종목이기에 큰 성취가 있을 거라고 생각했던 것이지요. 하지만 신지애 선수에겐 양궁에 대한 재능이 없었습니다. 그후 바로 골프로 전향하면서 2015년 JLPGA 투어 니치레이 레이디스 우승을 거머쥐었지요. 양궁에 대한 재능은 없었지만 골프에 대한 재능은 있었던 것입니다.

신지애 선수의 예에서 알 수 있듯이 우리는 자신의 재능을 재빨리 찾아 그것을 개발하는 데 자신의 에너지를 쏟아야 합니다. 특히 운동이나 예능, 어문 계통은 가급적 일찍 찾아 개발하는 것이 그 분야에서 성공할 가능성이 높아집니다. 이곳저곳 기웃거리다 자신과 잘 맞지 않는 일을 하면서 인생을 낭비하다 보면 삶의 재미도 떨어지고 무기력해집니다. 결국 작은 성공도 얻지 못한 채 다람쥐 쳇바퀴 돌듯 살아가겠지요.

자신만이 가진 재능을 찾지 못했다면 지금이라도 자신이 무엇을 잘할 수 있을지, 무엇을 하면 즐거울지를 생각해보세요. 뒤늦게 재능이 발현되어 성공한 사람도 있으니 너무 성급하게 찾으려고 하지 마세요. 아무리 해도 생각이 나지 않는다면 이것저것 해보면서 경험치를 쌓는 것도 좋습니다.

그 안에서 이리저리 부딪히면서 체득하다 보면 분명 자신만의 강점을 찾을 수 있을 겁니다. 그것을 찾는다면 당신은 이미 다른 사람보다 한 발 앞선 겁니다.

지금 당신은 어디로 가고 있습니까?

LIFE PROFILING

2

지금 당신은
무엇을 준비하고
있습니까?

The art of life is to know
how to enjoy a little
but to endure very much.

기다려보세요,
2개를 얻을 때까지!

인생의 묘미는 즐기는 것은 조금이고
대부분은 인내하는 법을 배우는 것이다.
The art of life is to know how to enjoy a little but to
endure very much.
|
윌리엄 해즐릿(영국의 수필가이자 문학평론가)

흔히 우리는 공부를 잘하는 사람들을 보고 머리가
좋다고 생각합니다. 물론 지능이 아주 낮은 사람보다 지능이 높은 사람
이 공부를 더 잘할 수 있는 조건을 갖춘 것은 분명합니다. 학습 장애를
가진 사람보다 그렇지 않은 사람의 학업성취도가 더 높다는 것은 사실이
기 때문이지요.

그렇다면 공부를 잘하기 위해선 반드시 남보다 뛰어난 지능을 가져야
할까요? 지능지수가 높은 사람은 그렇지 않은 사람보다 공부를 다 잘할

까요? 결코 그렇지만은 않다는 연구 결과와 주장들이 적지 않게 나오고 있습니다. 특히 기존 지능검사의 문제점이 하나둘씩 표면으로 떠오른 요즘, 지능지수를 그 사람의 능력으로 동일시하는 것은 잘못된 사고일 수 있습니다.

많은 학자들이 대체로 지능지수 검사의 문제점을 지적했습니다. 그 중에서도 기존 검사가 문화적 편견을 내포하고 있어서 하류 계층이나 유색인종에게 불리하다는 지적을 받아왔지요.

뿐만 아니라 사람은 단순히 지능뿐만 아니라 다양한 능력을 가지고 있는데 지능 하나만으로 그 사람의 전체 능력을 평가하는 것 자체가 문제가 있다고 비판하기도 합니다. 그래서 일부에선 인간의 다양한 능력을 평가하려고 시도하고 있습니다.

미국 펜실베니아대학교의 연구진들은 자기훈육self-discipline과 자기부정self-denial이야말로 학업 실패를 방지할 수 있는 열쇠라고 주장한 바 있습니다. 그 연구에 따르면 자기훈육이 지능지수보다 학업의 성패를 예측할 수 있는 더 나은 예측인자라고 합니다. 즉, 지능지수가 좋은 사람보다 자기훈육이 뛰어난 사람이 공부를 잘할 확률이 더 높다는 것이지요. 학생들이 자신의 지적 잠재력에 미치지 못하고 실패하는 이유는 그들이 자신을 절제하는 자기훈육을 제대로 행사하지 못했기 때문이라고 합니다. 다시 말하면 학교에서 학업에 실패하는 학생들은 장기적 이득을 위해서 단기적 쾌락을 희생하지 못하는 어려움 때문이며, 자기훈육을 강화하는 것이 학업성취에 대한 지름길인 것이지요.

실제로 자기훈육이 강한 학생들은 학업이나 시험 그리고 더 나아가 취직 등을 포함한 학업성취도 측정에서 충동적인 학생들보다 더 좋은 성적을 보입니다. 널리 알려진 마시멜로이야기는 이를 설명하기 좋은 예겠지요. 눈앞에 보인 1개의 마시멜로보단 좀더 기다려 2개의 마시멜로를 얻는 아이는 몇 년 후 더 성공적인 삶을 사는 이야기는 누구나 다 알고 있을 것입니다.

그렇다면 우리는 어떻게 해야 할까요? 1개의 마시멜로인지 2개의 마시멜로인지는 각자 선택의 몫이지만 이는 자기훈육이 얼마나 인생을 성공적으로 이끄는지에 대한 열쇠가 된다는 것만은 확실합니다.

자신을 훈육할 수 있는 사람은
자신밖에 없습니다

선한 미소와 무욕으로 유명한 광덕 스님은 불교 현대화에 큰 족적을 남긴 큰 분입니다. 법학을 전공하다 동산 스님의 범어사로 들어가 10년 동안 처사로 있다가 동산 스님의 권유로 출가했지요. 그 후 불교 정화 운동으로 당시 다소 어수선했던 조계종의 초석을 다지고 산중불교가 아니라 도심포교와 문서포교로 불교 대중화에 힘을 쓴 분입니다. 광덕 스님의 『금강경해설』에 보면 '자기정화법'이 나옵니다. 자기 자신이 스스로 정화하며 살아가는 것, 이것이 자기정화법입니다.

사람이 살다 보면 이런저런 일에 휘둘리면서 나쁜 무리에 뒤섞여 잘못된 무언가를 합니다. 인간은 적응하는 동물이라 처음엔 잘못된 무언가를 하면 각성을 하지만 그것이 반복되면 잘못된 것도 자기 나름대로 반듯한 변명거리를 내세우며 계속합니다. 하지만 우리는 잘못된 것은 잘못된 것이고, 옳은 것은 옳은 것이라는 분명한 인식을 가지고 있어야 합니다.

그리고 더 이상 잘못된 것에 얽혀 끌려다니지 않게 자기 자신을 다지는 결심이나 다짐을 해야 합니다. 물론 그 결심이 흔들리기도 하고 쉽게 잊어버리거나 포기할 때도 있기 마련이지요. 그런 결심을 한다는 것은 하지 않는 것보다 훨씬 낫지만 다만 제자리에서 그저 맴도는 상황에서는 빨리 빠져나와야 합니다.

혹시라도 나쁜 마음이 생기면 그런 마음을 차단하도록 다짐을 하고, 마음이 조금이라도 흔들린다면 다시 다잡고 끊임없이 참회하면서 우리 마음에 항상 깨끗한 물이 흐를 수 있도록 해야 합니다. 이것이 '자기정화법'을 설법한 광덕 스님이 우리에게 전하는 교훈입니다.

광덕 스님은 인간의 불행은 죄업에서 온다고 했습니다. 만약 나에게 불행이나 고난이 닥쳐오면 스스로 마음을 돌이켜 불행과 고난의 원인이 자기 자신에게 있다는 것을 깨달아야 합니다. 그래서 끊임없는 수행과 반성으로 자신의 마음속에 도사리고 있는 나쁜 생각이나 무의식중에 행하는 나쁜 행동이나 부정적, 비판적, 소극적 요소들을 씻어버려야 합니다. 이와 같이 지혜롭고 경건하고 용감하게 참회하다 보면 자신의 모든 죄업도 소멸시킬 수 있다고 합니다.

그러나 안타깝게도 극히 일부의 사람들은 자신의 불행과 고난을 자신의 문제가 아니라 남의 탓이나 세상 탓으로 돌려 아무런 관계도 없고 인연도 없는 대중을 향하여 자신의 분노를 표출하고 있습니다. 이것이 바로 요즘 세상을 놀라게 하는 묻지마 범죄, 무동기 범죄와 같은 증오범죄를 낳는 원인이 되고 있지요. 그들은 자신을 탓하고 개선하는 대신 세상을 원망하고 증오합니다. 이들의 잘못된 분노와 증오가 무고한 사람들을 희생시키지요.

인간은 삶을 살면서 수많은 잘못과 실수를 합니다. 완벽하지 않은 인간이니 어쩔 수 없습니다. 대신 자신이 무엇을 잘못하고 무엇을 실수했는지를 잘 파악해 반성하고 그와 같은 실수를 되풀이하지 않도록 노력해야 합니다.

매일매일 잠들기 전 하루를 되돌아보는 시간을 가지고, 잘한 일에는 자신을 칭찬해주고 잘못한 일은 반성하면서 내일 더 반듯하게 생활할 수 있도록 각오를 다져야 합니다. 자신의 잘못을 인정하는 사람은 진정으로 용기 있는 사람입니다.

내일을 위해 오늘 참고
견디기만 할 필요는 없습니다만

미국 최고의 재무설계자인 스테판 M. 폴란과 작가인 마크 레빈은 자신들의 저서인 『8가지만 버리면 인생은 축복』에서 '우리의 삶은 미래가 도착할 때까지 참고 견디며 살아야 하는 그런 것이 아니다. 존재하지 않을 수도 있는 내일이 올 때까지 환희와 기쁨을 연기하지 말자'라고 제안

했습니다.

오지도 않은, 그리고 올지 안 올지도 모르는 내일을 걱정하고, 돌이킬 수도 없고 지울 수도 없고 바꿀 수도 없는 지나간 어제를 후회한들 달라지는 것은 아무것도 없으니까요. 흔히 '걱정한다고 걱정이 없어진다면 걱정도 없겠네'라는 우스갯소리 아닌 우스갯소리를 합니다.

어제를 후회하지 말고 내일을 걱정하지 말라는 메시지를 담은 이 책은 행복해지기 위해선 나이 걱정, 과거에 대한 후회, 비교 함정, 자격지심, 개인주의, 미루기, 강박증, 막연한 기대감 등을 버려야 한다고 합니다.

그래서 그런지 요 몇 년 사이 미래를 위해 현재를 희생하기보단 현재를 즐기려는 사람들이 증가하고 있습니다. 욜로You Only Live Once, YOLO족 이라고 하지요. 더 큰 내일의 만족을 위해 오늘을 희생하는 것이 보통 사람들의 보편적인 생활태도였던 것에 비하면 놀라운 변화가 아닐 수 없습니다.

이러한 추세는 현 사람들의 자유로운 의지에 의한 선택이겠지만 이 시대가 필요로 하는 무언가로부터의 강요도 있지 않았나 싶습니다. 하늘 높은 줄 모르고 오르는 집값, 불안정한 취업과 고용, 만만치 않은 생활 물가, 어느 하나 안정되지 않고 확실하지 않은 시대에 그들이 기댈 수 있는 선택지는 많지 않았을 겁니다.

불안한 미래에서 안정된 삶을 살기 위해 오늘을 희생하기보단 지금 자신이 느낄 수 있는 만족을 찾는 것이, 소소하지만 확실한 지금의 행복을 찾는 것이 더 현명한지도 모르겠습니다. 우리 사회가 보다 발전적이고, 더 투명하고, 예측가능했다면 내일의 더 큰 만족을 위해 오늘의 힘듦을 조금 참을 수 있겠지만 요즘 세상은 그렇지 못합니다.

그러나 저는 마시멜로 실험에 대한 결과를 조금 더 믿어보고 싶습니다. 모든 사람이 내일의 더 큰 만족을 위해 오늘을 참고 견딜 수만은 없습니다. 흔히 오늘 이 순간에 최선을 다하라고 하지 않습니까? 다만 지금 이 순간 최선을 다하되 만족을 조금 미룰 수 있다면 더 큰 성과를 얻을 수 있지 않을까 합니다.

저는 젊은 친구들에게, 불투명하고 불확실한 내일을 위한 모험보다는 오늘 작지만 확실한 만족이 더 행복할지도 모르지만 오늘을, 현재를, 이 순간을 무작정 즐기기만 해서는 안 된다고 말하고 싶습니다. 물론 불투명한 내일만을 위해 오늘을 완전히 버리자는 의미는 아닙니다.

오늘을 즐기되 내일을 위해 투자하고 준비해야 합니다. 오늘만 살 수 있는 세상이 아니기에, 전 욜로보단 미래를 위해 자신의 시간을 투자하라고 말하고 싶습니다. 너무 시대에 뒤떨어진 생각일까요? 선택은 당신들의 몫입니다.

지금 당신은 무엇을 준비하고 있습니까?

남들이 서 있는 긴 줄과
자신만이 혼자 서 있는 짧은 줄

인생이란 자신을 찾는 것이 아니라
자신을 창조하는 것이다.
Life is not about finding yourself.
Life is about creating yourself.

|

조지 버나드 쇼(노벨문학상을 수상한 극작가이자 소설가)

3월이면 남산에 자리잡은 동국대학교 교정에는 풋풋한 새내기로 붐빕니다. 어느 대학교나 마찬가지일 것입니다. 12년간 오로지 대학교에 입학하기 위해 학교와 학원을 오간 끝에 얻은 자유와 해방감으로 교정은 온통 들떠 있습니다. 그들의 활기찬 모습에서 전 제 대학 시절을 회상하기도 합니다. 그러면서 한편으론 염려와 우려의 마음이 생기는 것은 어찌지 못하는 선생의 마음인 것 같습니다.

4년이란 대학 생활이 어떻게 보면 매우 여유롭게 느껴질 수도 있을 것입니다. 하지만 사실 대학교에서 꼭 완수해야 할 많은 과제들을 생각하면 결코 길지 않습니다. 어쩌면 부족하다고 해도 과언이 아닐 정도로 짧은 시간으로 느껴질 수도 있습니다.

대학교는 새내기의 인생에 있어 미래를 설계하고 그 설계도에 맞는 주춧돌이나 기둥과 같은 기초를 다지는 공간입니다. 그리고 4년은 그것을 차곡차곡 쌓기 위해 주어진 시간이지요. 처음 집을 지을 때 한옥인지 양옥인지를 결정해야 그에 맞는 설계도가 나오는 것처럼 우리의 삶도 어떻게 살아야 할지를 정한 후에 그에 맞는 설계도를 그릴 수 있습니다.

그런 다음에는 설계도에 맞는 집을 짓기 위해 여러 건축자재가 필요하겠지요. 이 건축자재가 다양한 경험에 해당합니다. 자신이 진정으로 원하는 분야를 찾아 가능한 많은 경험을 쌓아야 합니다. 대학교는 바로 그런 기회를 가질 수 있는 곳이며 4년은 그것을 쌓을 수 있는 최적의 시기라고 할 수 있습니다.

대학교의 사명은 교육, 연구 그리고 봉사고 이것을 실천하는 것은 교수들의 몫입니다. 하지만 학생들 또한 다양한 강의를 통해 여러 방면의 교육을 받아 나름대로 자신이 개척한 분야에서 연구할 수 있습니다. 그것을 사회로 환원하는 것도 가능합니다.

계명대학교의 이진우 총장은 "대학에서 무엇을 할 것인가"라는 물음에 학생들에게 "자신만의 차이를 가꾸어 나가라"고 충고했습니다. 그는 엄밀하게 말하면 대학교에선 학생을 이끌어주는 선생도, 뒤에서 밀어주는 부모도 없으니 모든 것을 스스로 결정하고 실행해야 한다고 강조한 것이지요. 방황할 것인가 아니면 자신만의 길을 찾아갈 것인가는 전적으로 자신에게 달린 것입니다.

남들이 한다고 따라만 하면 자신의 삶이 아니며, 그러한 삶은 결코 남보다 앞서갈 수가 없습니다. 이미 누군가 자신 앞에 뛰어가고 있기 때문에 뒤처질 수밖에 없습니다.

하지만 안타깝게도 많은 학생들이 남보다 앞서가기보다 뒤따라가기를 좋아합니다. 앞서는 것은 불확실성과 모험이라는 위험이 도사리고 있지만 남의 뒤를 따르면 그런 위험을 피할 수 있다고 생각하지요. 남을 따라하면 자신이 따라하는 그 사람들만큼은 살 수 있을 것이라고 착각도 합니다.

저는 자신만의 길을 찾지 않고 남들만 쫓아다니다간 큰 위험이 닥칠 수도 있다고 봅니다. 우스갯소리 좀 해볼까요? 어떤 사람이 안개가 짙게 깔린 날 운전을 하게 됐습니다. 그런데 앞이 캄캄해 아무것도 보이지 않자 앞차의 꼬리등만 쫓아갔지요.

그런데 갑자기 앞차가 급정거를 했습니다. 순간 너무 놀란 뒤차 운전자는 앞차의 운전자에게 그렇게 급정거를 하면 어떻게 하느냐고 버럭 화를 냈더니 앞차의 운전자가 "여긴 우리집 차고인데요"라고 했다고 합니다. 자기가 어디로 가는지도 모르고 그냥 앞만 쫓아가다가 남의 집 차고에 종착하고 말 것입니다. '친구 따라 강남 간다'는 속담도 이유도, 목적도 없는 행위에 대한 질타를 던진 것이겠지요.

저는 젊은 친구들이 또래들만 쫓아다니다 자신이 가야 할 길을 놓치는 경우를 수없이 봐왔습니다. 지금 자신이 남들이 서 있는 긴 줄의 끝자락에 서서 아까운 시간만 보내고 있다면 지금 당장 그 긴 줄이 자신이 꼭 가야만 하는 길인지 생각해보십시오. 남들이 서 있는 긴 줄에 서서 자기 차례가 올 때까지 기다리기보단 좀더 현명하게 자신만이 갈 수 있는 짧은 줄을 찾아 현명하게 걷길 바랍니다.

넓게 아는 것도 좋지만
깊이도 중요합니다

우리가 알고 있는 가장 높은 학위는 '박사博士'입니다. 박사는 가장 많은 교육을 받아 가장 높은 전문 지식을 가지고 있다는 의미를 가지고 있지요. 그런데 박사라는 말의 한자 표기에서 '박博' 자는 사실 깊이를 뜻하는 것이 아니라 넓이를 뜻하고 있습니다. 글자의 뜻대로라면 당연히 박사란 많은 것을 넓게 아는 사람입니다.

지식을 넓게 안다는 것은 바람직한 현상이지만 지금의 지식사회에선 단순히 폭넓게 지식을 안다는 것만으로 치열한 경쟁에서 이기거나 살아남기가 쉽지 않게 되었습니다. 법학 박사라 하더라도 무엇을 전공했는지에 따라 일하는 분야가 달라지지요. 민법과 상법이 다르고, 민법 중에서도 상속법과 민사소송으로 나뉘기도 합니다. 자신이 선택한 분야에 따라 전문성이 나뉘는 것입니다.

아무리 지능이 높고 많은 노력을 기울인다 하더라도 모든 분야에서 전문가가 될 수는 없습니다. 결국 우리는 박사에만 그칠 것이 아니라 자신만의 전문 영역을 개척하는 것, 그 분야에서 전문성을 깊게 파는 '심사 深士'가 되어야 경쟁력을 가질 수 있습니다.

이런 주장은 정신과 전문의인 이시형 박사가 쓴 『공부 잘하는 독종이 성공한다』에서도 강조하고 있는 내용입니다. 미래학자 앨빈 토플러는 사람들에게 권력 또는 권위를 가져다주는 세 가지 원천이 있다고 했습니다. 그 세 가지 권력의 원천이란 바로 폭력, 부富 그리고 지식이지요.

그에 따르면 폭력에 의한 권력과 권위는 당장은 효과가 있을 수 있지만 저항을 초래하고 시간과 공간의 제약을 받으며 가장 저품질의 권력이라고 합니다. 돈이나 재산이라고 하는 '부'는 폭력보단 우량한 권력을 창출하지만 그것 또한 손에 쥐기 위해선 보수나 뇌물을 제공해야 합니다. 사실 돈이 빽빽하게 들어 있는 지갑은 순식간에 빈 지갑이 될 수 있기 때문에 기껏해야 중질의 권력만 창출할 수 있는 것이지요.

그러나 지식은 무한한 부가가치를 창출하기 때문에 가장 고품질의 권력을 만들어낼 수 있습니다. 현대를 지식산업사회라고 하는 것도 지식이 자본이기 때문이지요. 결국 지식산업사회에서의 권력은 바로 지식 정보에서 창출된다는 것입니다. 이런 점에서 그 사람의 권위는 바로 전문성에서 나오는 것이기 때문에 전 당신에게 박사보다 심사가 되어야 한다고 말하고 싶습니다.

그렇다면 전문성이 있어서 권위를 가지는 사람, 즉 전문가란 과연 어떤 사람일까요? 전문가는 언제Anytime, 어디서나Anywhere, 무엇이든 Anything, 누구하고나Anyone 자신의 전문성을 발휘할 수 있는 사람이어야 합니다. 그렇게 되기 위해선 지능IQ: Intelligent Quotient, 감성EQ: Emotional Quotient, 사회성SQ: Social Quotient, 도덕성MQ: Moral Quotient, 열정PQ: Passionate Quotient 등이 있어야 한다고 합니다. 막스 베버 또한 이런 점을 고려하여 전문가의 자질을 열정, 책임감 그리고 균형 감각이라고 주장했습니다.

숫자를 잘 활용하면
신뢰가 높아집니다

인공지능시대가 도래하면서 우리가 살아남기 위해선 무엇이 필요할까요? 몇 년 전 인텔사의 전 회장인 앤디 그로브는 "오로지 편집광만이 살아남는다"라고 말했지요. 곧 광적이라고 할 만큼 무언가에 집중하고 몰입할 수 있는 사람만이 성공할 수 있다는 뜻입니다.

물론 복잡한 현대사회에선 두 가지 이상의 일을 동시에 수행하는 멀티태스킹이 필요하다고 주장하기도 합니다. 하지만 전문성이 부각되는 이 시기에 편집광적인 전문성을 갖춘 사람이 필요하다는 주장은 꽤나 설득력이 있습니다.

특히 재미있는 것은 경제적으로 성공한 사람들은 숫자에 관심이 많거나 숫자 감각이 뛰어나다고 합니다. 아마도 숫자에 익숙해진다는 것은 누구보다 집중력을 요하는 일이고, 숫자가 정확하다는 것은 다른 사람에게 신뢰감을 주기 때문일 겁니다.

수학을 잘하는 사람들은 그렇지 못한 사람에 비해 집중력이 강한 것으로 보입니다. 더불어 판단도 빠르고 이성적이라고 하지요. 숫자는 추상적인 글이나 말보다 강한 신뢰감을 주기 때문에 학자들이 논문을 쓸 때나 비즈니스맨이 세일즈를 할 때, 심지어 일상적인 대화를 할 때도 숫자를 동원합니다.

요즘 기상청은 날씨를 예보할 때 수치로 전달하기 때문에 예보의 신뢰성을 높여줍니다. 특히 광고의 경우 추상적인 홍보 문구보다 숫자로 각인시키는 것이 사람들의 머릿속에 더 크게 그리고 더 오래 남게 됩니다. 그뿐만이 아니라 범죄의 위험성도 범죄 예측이나 범죄 예보라는 이름으로 수치로 말할 정도로 숫자는 우리 일상생활에 깊숙이 관련되어 있습니다.

숫자는 자신의 주장에 구체적인 타당성과 논리성을 제공하며, 말이나 글이 주는 막연한 느낌이나 감상이 아니라 분명한 의미를 전달합니다. 상식적으로 '보통'이나 '많이'라는 표현보다는 정확하게 50 % 또는 75 % 등의 숫자로 표기하는 것이 훨씬 분명한 의미를 전달하는 셈이지요.

약속을 정할 때도 그냥 "오후에 들리겠습니다" 또는 "오후에 전화를 드리겠습니다"보다는 "오후 3시에 방문하겠습니다" 또는 "오후 2시에 전화를 드리겠습니다"가 훨씬 신뢰가 가지 않겠습니까?

특히 사회과학자들은 자신의 학문을 연구하는 데 있어서 과학적 연구 방법을 활용하는데 이것은 계량적 연구 방법이고 이 계량적 방법은 바로 통계라는 숫자를 이용한 것이지요. 이런 면에서 보면 숫자는 곧 과학, 과학은 곧 논리라는 의미를 함축하고 있는 것 같습니다.

그래서 일반적으로 숫자에 강한 사람들이 대부분 논리적인지도 모르겠습니다. 자신이 과학적이고, 논리적이고, 객관적인 사람으로 보이고 싶다면 우선 숫자를 많이 활용해보는 게 어떨까요? 그것은 자신에 대한 신뢰성의 향상이며, 신뢰성의 향상은 경쟁에서 우위를 점하는 유리한 위치에 서게 된다는 말과도 일맥상통하지요.

LIFE PROFILING 2

지금 당신은 무엇을 준비하고 있습니까?

내가 나를 사랑하지 않는데
누가 나를 사랑해줄까요?

자신이 사랑하는 일을 하는 것이 인생의
풍요로움을 가질 수 있게 하는 주춧돌이다.
Doing what you love is the cornerstone of
having abundance in your life.
|
웨인 다이어(미국의 연설가이자 작가)

　　　　자기 자신을 사랑하지 않는 사람이 있을까요? 얼핏
들으면 말이 안 되는 것 같지만 주변에 그런 사람들이 있습니다. 물론 사
람의 마음속을 정확하게 알기는 힘들기 때문에 자신에 대해 겸손해하
는 사람도 실제론 엄청난 자기애착이 있을 수는 있습니다.

　　그러나 의외로 자기 자신을 사랑하지 않는 사람들이 부지기수로 많습
니다. 더 나아가 자신을 학대하는 사람도 적지 않지요. 한때 조직폭력배
들의 전유물이었던 문신은 지금 젊은이들 사이에 유행처럼 번져 목이나

팔에 굵직한 상처를 남깁니다. 그것이 유행으로 번져 많은 젊은이들 목과 팔 그리고 다리에 비슷한 모양으로 새겨져 있어요. 저는 오래 산 사람이지만 열린 마음으로 젊은 문화를 받아들이려고 노력하나 자신의 신체를 함부로 오용하는 것은 참 안타까운 마음이 듭니다.

뭐, 여기까진 멋으로 이해할 수 있으나 자신의 외모나 능력, 가족의 배경과 관련해 자신을 비하하거나 비관하기도 합니다. 한때의 수저 논란은 이와 관련해 젊은이들의 패배 의식을 수면 위로 떠오르게 만든 계기가 되었습니다.

전 오랫동안 학생들을 가르쳐왔습니다. 그래서 많은 젊은 친구들이 자신이 처한 환경에 불만을 가지고 자신을 비하하는 행동을 하는 경우를 봐왔습니다. 그 모습을 보면 안타깝습니다. 물론 이런 행동은 사회의 불평등한 처사로 인해 울분이 쌓인 결과라는 것을 이해하지 못한 바는 아니지만 그것으로 인해 자포자기하고 자신을 학대하는 행동은 오히려 더 나쁜 상황을 몰고 올 수 있다는 점을 지적하고 싶습니다. 특히 자신의 처지를 비관해 스스로 삶을 포기하는 젊은이들을 보면 더욱 안타깝습니다.

아주 흔한 말이지만 우리는 사랑 받기 위해 태어난 사람입니다. 누군가 사랑해주지 않는다고 하면 자신이 자신을 사랑하면서 올바른 길을 가려고 마음을 다잡아야 합니다. 석가모니는 '천상천하 유아독존天上天下唯我獨尊'이라며 자기보다 더 존귀한 이는 없다고 했습니다. 다른 누구도 자신을 대체할 수 없기에 자신을 귀하게 여기라는 말입니다.

'집에서 새는 바가지는 들에 가도 샌다'라는 옛말은 여러 가지 뜻이 있을 수 있겠지만 자신을 믿지 못하고 자신을 비하하면 남도 그렇게 대하게 된다는 의미를 내포하고 있지요. 자신을 스스로 비하하면 남들도 당신을 비하하고 존중하지 않습니다.

물론 여기엔 전제 조건이 있습니다. 자신을 사랑한다는 것은 자신의 장점과 단점을 정확히 파악해 장점을 살리고 단점을 줄이는 노력을 하면서 자신을 사랑하라는 뜻입니다. 무조건적으로 자신을 과대평가하고 거만하게 구는 것이 아니라 겸손을 갖추고 자신을 사랑하면 다른 사람도 그런 당신을 존중할 겁니다.

현재 자신이 처한 불운을 비관만 할 것이 아니라 긍정적인 마음으로 자신이 처한 상황을 고루 살펴 자신을 사랑하면 다른 사람도 관심을 가지고 도움을 줄 것입니다. 세상에는 불우한 환경에서 불운한 신체적 조건을 가지고 있음에도 훨씬 더 좋은 환경에서 훨씬 더 좋은 신체를 가진 사람보다 더 자신을 사랑하고 더 큰 성공을 한 사람들이 적지 않습니다.

2019년 봄 중국의 한 여성이 유튜브의 화제인물로 떠올랐습니다. 세 살 무렵 두 다리가 절단된 상태로 복지관 근처에서 발견된 웨이 메이뉴가 그 주인공이지요. 그녀는 두 다리가 없음에도 요가를 즐기고 롤러스케이트로 스피드를 내며 지역 장애인체전에 수영 선수로 출전해 금메달을 획득하기도 했습니다. 전문학교를 졸업한 그녀는 다시 복지관으로 돌아가 2017년까지 학생을 가르치다가 현재 쇼핑몰을 운영하는데 그녀는 한 인터뷰에서 이렇게 말했습니다.

"멈춰 서 있는 것보다 계속 전진하는 게 낫습니다. 목표가 있다는 것은 없는 것보다 더 좋습니다. 목표에 도달할 수 없을지는 모르지만 계속 앞으로 나아가면 됩니다."

그녀가 전하는 메시지는 제가 젊은 친구들에게 하고 싶은 말이기도 합니다. 그리고 이 책을 집필한 동기도 됩니다. 웨이 메이뉴는 자신이 처한 처지를 비관하지 않고 자신을 사랑하면서 앞으로 나아갔기 때문에 지금과 같은 밝은 모습을 유지할 수 있었습니다.

자신을 비관하는 사람은 남들에게 좋지 않은 이미지를 남기고 관계 형성에도 악영향을 미칩니다. 왜냐하면 그들은 항상 불평과 불만에 쌓여 있기 때문이지요. 그리고 모든 일에 부정적입니다. 그런 생각을 가지고 있는 한 발전은 있을 수 없습니다.

만약 지금 당신이 장점보다는 단점이 많다면 우선 당신을 칭찬하세요. 그 사실을 인지했다는 것만으로도 당신은 발전을 한 것입니다. 그런 다음 단점을 장점으로 바꿔야 하는데 그러기 위해선 자신을 철저하게 사랑해야 합니다.

누구나 남보다 뛰어난 한 가지 능력이 있습니다. 그것을 발견하고, 그것을 개발해보세요. 단점도 장점이 될 수 있는 법, 자신을 더 나은 사람으로 만들기 위해서 많이 생각하고 행동하다 보면 당신은 장점이 아주 많은 사람으로 재탄생할 수 있습니다. 가장 소중한 나 자신도 사랑하지 못하면서 어찌 남이 나를 사랑해주기를 바라겠습니까? 우선 자신을 많이 아끼세요.

다른 사람과 친해지기 전에
먼저 자신과 친해지세요

　뉴욕시립대학교의 철학과 교수이자 북미철학실천운동의 개척자로서 미국철학자협회 회장인 루 매리노프 박사는 철학을 일상생활 속에서 벌어지는 각 상황에 적용시키는 학자입니다. 그는 상담자 스스로 철학을 통해 자신의 딜레마를 해결하도록 돕는 '철학카운셀링운동'을 벌이는 경험을 바탕으로『철학상담소』라는 책을 집필했습니다.

　이 책에서 그는 '다른 사람들과 사이좋게 지내기 전에 먼저 자신과 사이좋게 지내야 한다. …… 내면적 갈등을 해결하지 못한 사람은 자기 자신과 사이좋게 지낼 수 없고, 자기 자신과 사이좋게 지낼 수 없는 사람은 당연히 다른 사람들과도 사이좋게 지낼 수 없다'고 주장했지요.

　자기 스스로 자신을 믿지 못하고, 자신을 존중하지 않는다면 누가 자신을 믿고 존중하겠습니까. 내가 나를 사랑하지 않으면서 다른 사람이 나를 사랑해주기를 바라는 것은 어떻게 보면 '탐욕'일 수 있습니다.

　미국 속담 중에 '우리가 행복해서 웃는 것이 아니라 우리가 웃기 때문에 행복한 것이다We don't laugh because we are happy, but we are happy because we laugh'가 있습니다. 이 속담처럼 내가 웃으면 남에게도 행복을 전파할 수 있으나 내가 행복하지 않으면 다른 사람에게 어두운 그림자만 비추게 됩니다.

만약 내가 불행하다면 다른 사람과의 소통이 어려워집니다. 설령 소통하더라도 진정성이 없기 때문에 가식적인 느낌이 들지요. 설사 관계가 만들어지더라도 그것은 그저 공식적 또는 업무상으로만 진행되는 데 그치고 말 겁니다. 기본적으로 관계는 쌍방향 소통이기 때문에 내가 행복해야 다른 사람도 편안하게 다가옵니다.

그렇다면 우리는 어떻게 하면 나 자신과 친해질 수 있을까요? 사람과 사람의 바탕은 상호 신뢰입니다. 믿음이 없는 관계는 애당초 이루어질 수도 없으며, 이루어져서도 안 되며, 이루어진다 해도 가식적인 관계에 지나지 않습니다. 믿음이 없는 관계는 허구에 불과하지요. 나 자신과 친해지기 위해선 먼저 나 자신을 믿어야 합니다.

자기 자신을 믿을 수 있게 되었다면 그 다음엔 자신을 존중하십시오. 자아 존중은 어쩌면 세상사의 모든 것을 좌우할지도 모릅니다. 스스로를 비하하는 사람은 남들도 비방합니다. 자신을 업신여기는 사람은 남들도 업신여깁니다. 겸양이 미덕이기는 하지만 자신을 낮추되 자신을 비하하거나 무시해서는 안 됩니다.

오히려 겸양은 자신을 존중하는 자세를 바탕으로 표현하는 상대방에 대한 배려입니다. 물론 지나친 자아 존중은 과신이자 거만을 키우기도 합니다. 그렇지만 않다면 자신을 많이 믿고, 자신을 많이 존중한다면 다른 사람 또한 그런 당신을 믿고 존중하게 됩니다. 그것이 인간관계의 시작이요 전부입니다.

부자의 뇌와
가난한 사람의 뇌의 차이를 아세요?

성공의 크기는 욕망의 강도, 꿈의 크기
그리고 그 과정에서 있을 수 있는 실망에
어떻게 대처하는가로 측정되는 것이다.
The size of your success is measured by the strength
of your desire, the size of your dream,
and how you handle disappointment along the way.

로버트 기요사키(『부자 아빠 가난한 아빠』의 저자)

자본주의 사회에선 자본, 즉 돈이 성공의 척도입니다. 물론 우리는 도덕적으로 돈이 전부가 아니라는 것을 잘 인지하고 있지만 자본주의라는 거대한 순환계를 생각하면 이것은 틀린 말이 아니며 상당한 영향을 미치고 있는 것도 사실입니다. 다른 나라에서도 돈의 중요성은 마찬가지인지 돈에 대한 명언들이 많습니다.

'Money does it all, Money talks!'

이 말은 돈이면 안 되는 것이 없다거나 돈이 전부라는 영어 표현입니다. 그래서 우리는 예전에도 그랬고 지금도 부자가 되기 위해, 돈을 많이 축적하기 위해, 온갖 노력을 다하는지도 모르겠네요. 하지만 부자가 되는 것은 쉽지 않습니다. 물론 부자인 부모를 만나 쉽게 부를 거머쥐는 사람도 있습니다. 하지만 이것은 일부일 뿐, 어느 정도는 자신만의 노력으로 부를 성취한 사람이 더 많습니다.

여기서 한 가지 의문이 생깁니다. 돈이 중시되는 자본주의 사회에서 부자가 되고 싶지 않은 사람은 별로 없습니다. 그런데 왜 부자가 되지 못한 사람들이 부자가 된 사람보다 더 많을까요? 이에 흥미로운 해석을 내놓은 책이 있습니다. 부자의 뇌는 가난한 사람의 뇌와 다른 점이 있다는 것인데 물론 그것이 온전히 유전적인 요인만은 아니라고 합니다.

이런 해석을 한 사람은 예일대 심리학과의 로버트 스턴버그 교수인데 그는 『성공지능 가르치기』에서 부자는 성공지능을 가지고 있다고 주장합니다. 그에 따르면 성공지능은 '분석지능'과 '창의지능' 그리고 '실천지능'으로 구성되어 있다고 합니다. 분석지능은 복잡한 상황의 핵심을 짚어내는 능력이고, 창의지능은 새로움과 돌파구를 마련하는 능력이며, 실천지능은 이를 밀어붙이는 능력이라고 설명합니다. 당연히 분석지능, 창의지능 그리고 실행지능이 모두 골고루 발전한 사람이 부자라는 것이 그의 주장이지요.

이와 유사한 연구가 국내의 한 신경정신과 의사에 의하여 이루어진 적이 있습니다. 신경정신과 의사인 유상우 박사는 자수성가한 고졸 이하의 부자들과 대학을 졸업한 평범한 직장인들의 뇌를 연구했습니다. 그 실험 결과 두 집단 사이에 지능지수는 별 차이가 없었습니다.

다만 동일한 문제가 주어졌을 때 그 문제를 풀기 위해 평범한 직장인들은 문제해결에 활용되는 뇌는 물론이고 다른 뇌의 부위도 왕성하게 사용했으나 부자들은 문제해결에 활용되는 특정부위의 뇌를 집중적으로 사용하는 차이를 보였다고 합니다. 그는 이러한 실험의 결과를 놓고 부자들은 뇌를 보다 효율적으로 사용하고 있는 증거라고 보았습니다.

부자들이 집중적으로 사용했던 뇌의 부위는 바로 계획을 세우고, 동기를 부여하며, 다양한 사고를 담당하며, 정보가 들어오면 어떻게 처리할지를 판단하여 조작하는 일을 담당하는 곳이라고 합니다.

이를 쉽게 설명하면 부자들의 뇌는 일정한 형태나 양식 또는 유형으로 만드는 능력이 뛰어나다는 것인데, 이는 부자들이 창의적인 사고를 통해 정교하고 체계적으로 접근하고 여러 변수에 대비해 대안을 마련한 후에 일을 처리하기 때문에 문제해결의 실마리를 더 빨리 찾을 수 있다는 것이지요.

이와 같은 연구 결과 이렇게 정리할 수 있습니다. 우선 창의적인 사고로 사물이나 일을 유형화하고, 이를 다양한 시각으로 접근하고 다양한 대안을 마련해 이를 적절하게 적용하고 활용할 줄 알아야 한다는 겁니다. 그런 다음 행동하기 전에 한 번 더 계획을 검토하는데 이는 실패의 반복을 줄이기 위해섭니다.

부자들은 자신의 실수나 시행착오 또는 실패까지도 그 원인을 분석하여 대안을 마련하기 때문에 같은 실수를 반복하지 않는 반면에 일반인들은 근본적인 원인을 찾아서 해결하기보다 임시 처방만 하는 경향이 있어서 실수를 반복합니다. 다양한 시각으로 사고한 뒤 구체적인 계획을 세워서 행동에 옮겨야 부자가 될 수 있는 점을 기억하셔야 좋을 것 같습니다.

엉뚱함, 창의성을 발휘할 수 있는 기초적 사고

천재와 바보의 공통점이 무엇인지 아시나요? 그것은 바로 엉뚱함입니다. 물론 그들의 공통점이 엉뚱한 면에 있긴 하지만 종이 한 장의 차이 때문에 천재와 바보로 나뉩니다. 천재의 엉뚱함은 일반인들이 따라갈 수 없어 엉뚱하게 보이지만 바보의 엉뚱함은 일반인의 눈에 모자라게 보입니다.

모차르트는 광대짓을 하며 작곡을 했고, 스티브 잡스는 인도 도인들의 기행에 열광하며 아이폰을 개발했지요. 빌 게이츠는 남들이 못 들어가 안달인 하버드대학교를 스스로 그만두었습니다. 뛰어난 시인 천상병도 그의 시에 못지않게 기행으로 유명했습니다.

그렇다면 왜 천재들은 이런 바보스러운 기행이나 엉뚱한 행동들을 하는 것일까요? 그것은 천재들의 엉뚱한 상상력이 곧 혁신의 원동력이기 때문입니다.

이에 대해 스탠포드 경영대학원의 제임스 마치 교수는 그의 논문 「바보스러움의 기술Technology of foolishness」에서 그 이유를 설명했습니다. 그에 의하면 사람들은 대체로 크게 두 가지 유형의 의사 결정을 하게 된다고 합니다. 첫째는 주어진 목적을 어떻게 추구할 것인가에 관련된 '목적 추구goal-pursuing형'이고, 두 번째는 어떤 목적을 추구할 것인가를 결정하는 '목적 발견goal-finding형'입니다.

그에 따르면 '목적 추구형' 의사 결정은 '이성의 영역realm of reason' 즉 이성적, 합리적 사고를 바탕으로 하는 반면 '목적 발견형' 의사 결정은 꿈과 상상력과 같은 '놀이의 영역realm of play'에 속한다고 합니다. 과거 대량생산의 사회에서는 효율성이 강조되었기 때문에 획일적 사고가 우선시되었지요. 그때는 컨베이어 벨트 위에서 일사분란하게 조립되던 가전제품처럼 모가 나거나 엉뚱한 상상력은 오히려 바보스러움으로 보였습니다.

그러나 획일성이 아닌 독특함이 강조되는 맞춤생산의 사회에서는 오히려 그러한 바보스러움이 높은 평가를 받습니다. 제임스 마치 교수는 혁신적 상품이나 서비스를 창조적으로 생산하기 위해선 곧 '바보스러울 줄 아는 기술', 즉 '바보스러움의 기술'이 필요하다고 설명합니다.

위에서 언급한 천재들이 일궜던 혁신적이고 창의적인 결과물은 과거 일반 사람들에게 엉뚱하고 바보스럽게 보여 천재는 바보짓을 잘하는 것으로 알려줬지만 창의성을 강조하는 현대사회에선 그들과 같은 바보짓이 새로움을 여는 발상의 전환으로 여기게 된 것입니다.

그러나 창의성은 획일적 교육이나 사고에서는 나올 수가 없습니다.

하루 종일 심각하게 책상에 앉아 계산하고 분석한다고 해서 창의성이 길러지지 않습니다. 열린 마음으로 다양한 경험을 통해 사고해야만 창의력이 발휘되는 것이지요.

또한 자신이 경험하는 모든 일에 차갑고 날카로운 이성적 시각으로 계산하고 분석만 한다면 즉 '이성의 영역'으로 의사를 결정하면 기계적인 사고의 틀에서 벗어날 수 없습니다. 일반 사람들이 다소 바보스럽게 보일지 모르는 놀이와 장난스러움이 중시되는 '놀이의 영역'에서 자신의 사고를 개발하고 의사를 결정해야 합니다. 다소 엉뚱할 수도 있는 상상력이 중요한 경쟁력의 원동력인 것입니다.

격하게 칭찬을 받으면
무언가가 올라갑니다

한참 자녀교육서에 자기 효능감이라는 단어가 화두에 오른 적이 있습니다. 효능감은 집단일 경우 집합 효율성 또는 집합 효능감collective efficacy이라고 하고, 개인의 경우 자기 효능감self-efficacy이라고 합니다. 저는 이 장에서 자기 효능감에 대해 이야기해볼까 합니다.

이 용어는 캐나다 출신의 사회인지학습이론의 창시자인 알버트 반두라가가 개념화한 것으로, 어떤 상황에서 적절한 행동을 할 수 있다는 자기 기대감과 신념이라고 할 수 있습니다. 이런 면에서 자기 효능감은 유사한 용어로 보일 수도 있는 자기 개념self-concept과는 구분되어야 합니다. 자기 개념은 환경에 대한 해석과 경험을 통해 형성된 스스로에 대한 총체적인 자기 지각이며, 다른 사람들의 중요한 평가와 재강화에 크게 의존하는 것인 반면, 자기 효능감은 특정한 역량competency에 대한 자기 지각을 의미하기 때문이지요. 요약하면 자기 개념은 서로 다른 영역에 대한 자기 효능감을 포함하는 포괄적인 자기 인식이라고 할 수 있을 것입니다.

자기 효능감이란 개념으로 인해서 다양한 분야에서 연구가 이뤄졌습니다. 특히 금연이나 재활운동에 좋은 영향을 미친다고 합니다. 뿐만 아니라 자기 효능감은 청소년들이 직업을 선택하는 데도 영향을 미치기도 합니다. 그래서 너도나도 자기 효능감을 높여야 한다고 강조했지요.

특히 요즘 들어 완전히 일반 용어가 된 소위 금수저나 흙수저의 논란과도 관련이 있습니다. 중국 최고의 부자였던 마윈은 35살이 넘어서도 가난하다면 그건 부모 책임이 아니라 본인의 책임이라고 했습니다.

어린 시절의 가난은 본인이 어찌할 수 없는 타고난 가난이지만 성인이 되어서도 가난하다면 그것은 순전히 자신의 책임이라는 것인데, 이 말은 곧 흙수저라도 얼마든지 금수저가 될 수 있다는 뜻으로 해석할 수 있겠지요. 성인이 된 뒤에도 계속 가난하다면 전적으로 부모의 탓이 아니라 자기의 책임이라는 것입니다. 여기에서 우리는 얼핏 자기 효능감을 엿볼 수 있는데 자신의 처지를 단지 '흙수저' 탓만 한다면 결국 그것은 자기 효능감을 상실하는 것이고, 자기 효능감을 잃어버리면 모든 욕구와 동기가 사라지고 맙니다.

반면에 자기 효능감이 높은 사람은 자신이 처한 또는 자신에게 주어진 환경에 크게 영향을 받지 않습니다. 그런 사람은 자신의 '흙수저'인 환경을 탓하지 않고 그것을 극복하기 위해 노력합니다. 설사 실패한다고 해도 그 교훈을 발판으로 삼아 다시 일어설 겁니다. 왜냐하면 자기를 믿으니까요.

자기 효능감을 개념화한 반두라는 자기 효능감을 높이기 위해서는 먼저 성공의 경험을 많이 쌓으라고 충고합니다. 작은 성공이 모이면 더 큰 성공에 다다를 수 있고, 이런 성공의 경험으로 앞으로 더 큰 성공을 위한 도전도 잘해낼 수 있다는 믿음을 갖게 해주기 때문이지요. 격하게 칭찬을 받아도 좋은 효과를 얻는다고 하니, 누군가를 혹은 자신을 격하게 칭찬해보는 것은 어떨까요.

다음은 자신이 닮고 싶은 역할모델을 가지라고 말합니다. 역할모델이 수행하는 것을 관찰함으로써 자신도 그렇게 할 수 있다는 믿음을 갖는 것이지요. 또 하나 반두라가 권하는 것은 자신에게 용기를 북돋아주고 격려를 아끼지 않고 동기를 부여해줄 수 있는 사람들을 주위에 많이 두라고 합니다. 그들의 격려가 자기 효능감을 갖는 데 큰 힘이 된다고 합니다.

지금 당신은 무엇을 준비하고 있습니까?

실패를 사랑하세요,
다만 반복하진 마세요

성공을 축하하는 건 좋지만 더 중요한 것은
실패로부터 배운 것을 마음에 새기는 일이다.
It is fine to celebrate success,
but it is more important to heed the lessons of failure.
|
빌 게이츠(마이크로소프트 사 창업주)

삼성그룹의 이건희 회장은 '신경영 선언'을 통해 전 직원에게 실패를 두려워하지 말라는 지침을 내렸습니다. 실패를 두려워하면 앞으로의 발전이 없다고 판단했던 것이지요. 아마 이건희 회장이 두려워했던 것은 실패 그 자체가 아니라 실패한 경험을 긍정적으로 활용하지 못하는 사람이었을 겁니다.

그는 한 번의 실패와 실수는 누구나 할 수 있다고, 다만 자신의 실수나 실패를 철저하게 분석해 실패 원인을 찾아 그것을 바꾸고 개선해 발전의 발판으로 삼지 못하는 것을 나무라고 싶었던 것인지도 모릅니다. 오히려 이건희 회장은 한 번의 실패나 실수는 용서할 뿐만 아니라 오히려 칭찬까지도 할 수 있지만 그 실패가 두려워서 아무런 모험조차 하지 않는 사람을 더 경계했습니다.

더구나 그가 더 강조하고 싶었던 것은 실패와 실수를 반복하지 말라는 것이었습니다. 같은 실수와 실패를 거듭한다면 그것의 아픔과 비용이 너무나 크기 때문이지요.

벤처의 1세대로 불리며 미래산업을 세운 정문술 회장은 『왜 벌써 절망합니까』에서 이 점을 강조했습니다. 그의 글을 옮기면 다음과 같습니다.

'실패는 언제나 우리 주변에 있다. 그러나 때론 실패조차 요긴하게 쓰일 때가 있다. 실패는 고통과 함께 많은 가능성을 남겨준다. 고통에만 눈이 멀어 숨어 있는 가능성들을 미처 발견하지 못한다면 너무나 안타까운 일이다. 미국의 홈런왕 베이브 루스는 총 714개의 홈런을 기록했다. 그러나 사람들은 그가 무려 1,330여 회에 달하는 삼진아웃을 당했다는 사실을 모른다. 삼진아웃 한 번을 당할 때마다 그는 반드시 실패 요인을 분석하고 문제점을 고치기 위해 노력했다는 것이다. 또한 삼진을 당할 때마다 느꼈을 심한 외로움과 열패감은 결과적으로 그를 강인하게 키워냈을 것이다. 그런 의미에서 1,330여 회의 삼진 아웃은 714개의 홈런을 가능하게 했던 밑거름이었다. 실패를 두려워하는 자에게는 미래가 없다.'

세상을 살다 보면 누구나 크고 작은 실수와 실패를 경험하기 마련입니다. 그래서 예전부터 실패는 성공의 어머니라고도 하지 않았습니까? 물론 가능하다면 실패의 아픔을 맛보지 않고 승승장구할 수 있다면 더 이상 바랄 것이 없겠지만 세상엔 그렇게 운이 좋은 사람은 찾기 어려울 것 같습니다. 우리는 실패를 한 번도 하지 않는 것보다 가급적 실패하지 않도록 주의를 기울이고 실패하더라도 그 아픔에서 하루 빨리 벗어날 수 있도록 바라야 합니다. 또한 실패를 거울삼아 더 큰 도약과 성공을 이룰 수 있는 발판으로 삼아야 합니다.

이처럼 실패를 발판으로 큰 업적을 남긴 사람이 매우 많습니다. 자기계발의 대명사 에디슨은 전구를 발명하기까지 2,000번의 실패가 있었다고 합니다. 한 젊은 기자가 그에게 그토록 수없이 실패했을 때의 기분이 어떠했는지 묻자, 그는 "실패라뇨? 난 단 한 번도 실패한 적이 없소. 나는 단지 전구가 빛을 내지 않는 2,000가지의 원리를 알아냈을 뿐이오"라고 답했다고 합니다.

실패하지 않는 삶이 있을까요? 우리는 수많은 실패를 통해 새로운 발견을 얻을 수 있을 것입니다. 다만 두 번 다시 반복하지 않도록 노력해야 합니다. 같은 실패를 거듭하는 것은 무책임한 것입니다.

다시 일어서는 것이
중요합니다

어디선가 '성공이란 이런 것이다'라는 영문 글귀를 읽었는데 좋은 내용이기에 메모해둔 것을 소개하려 합니다.

성공이란 우리가 넘어진 만큼 일어서는 것이다. 나머지는 사사로운 것에 지나지 않는다. 확실한 것은 우리의 계획이 무엇이든 우리는 넘어질 수 있다는 점이다. 문제는 다시 일어나서 계속 걸을 수 있는지다. 사람들은 때때로 넘어졌는데도 다시 일어나는 것을 잊어버리거나 지쳐서 그냥 쓰러져 있다. 제발 쓰러진 채 있지 마라. 다시 일어서라. 그러면 우리는 항상 성공할 것이다.

Success really is about getting up just as many times as you fall down. Everything else is just details. The known certainty line is that you are getting to fall, no matter what your plans are. The question is whether you will get back up and keep walking. Humans do that, too but sometimes they forget or get tired and stay fallen. Don't forget and stay fallen. Get back up again and you will always succeed.

누구나 실패할 수 있고, 누구나 넘어질 수 있습니다. 농담으로 하느님도 실수할 때가 있다고 하지요. 어쩌면 실수와 실패는 당연히 겪어야 할 과정이 아닐까 합니다. 무언가를 성공한 사람들은 실패를 밑거름으로 삼는다고 하지요. 실패를 통해 자신의 부족한 점이 명백하게 드러나기 때문에 그 부분을 보완할 수가 있는 겁니다. 그래서 전 '전화위복'이라는 사자성어를 좋아합니다. 화가 오히려 복이 될 수 있다고 하니 얼마나 큰 행운입니까.

중국 알리바바의 창업자 마윈은 자신의 일생을 거절과 실패의 일상이었다고 했습니다. 초등학교 시험에서 두 번 낙제, 중학교 시험에서 세 번 낙제, 대학교 시험에서 세 번 낙제를 했다고 하지요. 하버드대학교에 지원했으나 열 번 낙방했고, 취업은 30번, 그 이후 창업에도 실패했으나 1999년 알리바바를 창업하면서 부를 거머쥔 사람이 되었습니다. 그는 이렇게 말합니다.

"전쟁터에서 살아 돌아오는 게 성공이듯 살아남는 게 성공이다. 생존한 5퍼센트가 되려면 95퍼센트가 저지르는 실수에서 반드시 배워야 한다."

고등학교를 졸업할 즈음 또는 대학교를 졸업할 즈음, 젊은 친구들은 취업과의 전쟁에 돌입해야 합니다. 조금이라도 더 나은 미래를 보장받기 위해 그들은 수없이 밀려드는 정보 속에서 자신이 일할 곳을 찾습니다. 기본 100번의 이력서를 넣어야 한두 번의 면접 기회를 얻을 수 있을 정도로 치열한 경쟁을 치러야 합니다.

젊은 친구들뿐만 아닙니다. 이직이나 혹은 경력이 단절되었다가 다시 재취업을 하려는 이들 또한 취업 전쟁을 치러야 합니다. 작은 실패의 연속이지요. 그래서 포기하고 싶어지기도 할 겁니다. 하지만 그것이 무섭고 두렵다고 해서 피해버리면 우리는 더 큰 기회를 잃습니다.

물론 순탄하게 성공의 길로 내달린 사람도 있을 겁니다. 그러나 대부분은 여러 번의 실패를 겪은 후에 성공한 케이스가 많지요. 그들이 성공할 수 있었던 것은 넘어질 때마다 다시 일어설 힘이 있었기 때문입니다.

　예전에 쓰러뜨려도 다시 일어서는 오뚝이처럼 그들은 매번 다시 일어납니다. 넘어졌을 때 다시 일어설 수 있다면 성공의 기회를 잡을 수 있는 것이고, 다시 일어서지 못한다면 그냥 실패한 것으로 남습니다.

　당신은 다시 일어서겠습니까? 그냥 주저앉겠습니까?

LIFE PROFILING

3

지금 우리는
무엇을
생각하며 살아야
할까요?

We secure our friends not
by accepting favors
but by doing them

내가 싫은 것은
남도 싫어합니다

친구를 얻는 방법은 친구에게 부탁을 들어달라고 하는 것이 아니라
내가 부탁을 들어주는 것이다.
We secure our friends not by accepting favors
but by doing them.
|
투키디데스(고대 그리스의 역사가)

모든 결과는 원인이 있습니다. 그래서 불교에서는 인연법을 중시하지요. 불교의 인연법에 의하면 어떠한 원인과 환경에 따라 결과가 정해진다는 것입니다. 쉬운 말로 하면 콩 심은 데 콩 나고 팥 심은 데 팥 나지 콩 심은 데 팥 나고 팥 심은 데 콩 나지 않는다는 것이지요.

인생사도 예외는 아닙니다. 콩 한 알을 심으면 많은 콩을 거두는 것처럼, 우리가 남을 조금이라도 사랑하면 많은 사람들로부터 큰 사랑을 받

지만 조금이라도 남을 미워하면 내가 준 미움보다 더 크고 많은 미움을 되돌려 받게 되는 것이지요. 이를 두고 속담에선 '되로 주고 말로 받는다'라고 합니다. 더 직설적인 표현으로는 '남의 눈에 눈물나게 하면 자기 눈에도 눈물날 일이 생기는 법이다'는 말로서 인과응보의 무서움을 표현하기도 합니다.

인간은 누구나 다른 사람으로부터 무엇을 받으면 그것을 갚게 마련입니다. 그런데 여기서 중요한 것은 좋은 것을 받으면 더 좋은 것으로 갚아주고, 나쁜 것을 받으면 더 나쁜 것으로 갚는 이치입니다. 또한 좋은 것은 받았지만 나쁜 것으로 되돌려주면 배은망덕이고, 나쁜 것을 받았지만 좋은 것으로 되돌려주면 선행이지요. 하지만 선행을 쌓는 것은 말처럼 쉬운 일은 아니지요.

그렇다면 인간은 왜 되로 주었으면 되로 받아야지 되로 주고도 말로 받는 것일까요? 그것은 바로 칭찬이나 욕 모두 받는 사람 마음이 아니고 주는 사람 마음이기 때문입니다. 칭찬을 받고 싶다고 해서 받을 수 있는 것도 아니고 욕을 적게 먹고 싶다고 해서 적게 먹을 수 있는 것도 아닙니다.

특히 사람은 칭찬은 받을 만큼 돌려주고 싶어하지만 욕에 있어선 자신이 욕을 먹으면 자신이 들은 욕보다 더 많은 욕을 해야만 속이 풀립니다. 누군가 자신의 뺨을 한 대 때리면 그 이상으로 때리고 싶습니다. 그래서 옛부터 남의 욕을 하지 말라고 하는 것이겠지요. 공자는 '네가 싫은 짓은 남에게 하지 말라'라는 가르침을 남겼습니다. 맞고 싶지 않거든 남을 때리지 말고 욕먹고 싶지 않거든 욕하지 말아야 합니다.

　남을 아프게 하면 반드시 자신도 아프고, 남을 사랑하면 자신도 사랑을 받습니다. 불교는 이런 관점에서 선연善緣은 만들되 악연惡緣은 만들지 말라고 강조합니다. 선연은 선연을 낳고 악연은 악연을 낳기 마련이니까요.

　불교 경전 중 『사불가득경』에는 이런 글귀가 나옵니다.

　　봄에 곡식을 심으면 가을에 익지 않으려고 해도
　　결국 익지 않을 수 없으며,
　　열매가 맺으면 떨어지지 않으려 해도 결국 떨어지며,
　　사람이 술을 마시면 취하지 않으려고 해도 취하게 된다.

　　모든 뿌리를 심으면 싹트지 않으려 해도 결국 싹이 트며,
　　사람이 독을 먹으면, 죽지 않으려 해도 죽게 되며,
　　사람이 이별할 근본을 심으면,
　　이별하지 않으려 해도 이별하게 되며,
　　사람이 뒷간에 들어가면,
　　냄새를 맡지 않으려 해도 마침내 맡게 된다.

　　늙고, 병들고, 죽을 인연을 삼으면, 이 환난을 면하고자 해도
　　끝내 면하지 못하는 것이다.

이 경전이 전하고자 하는 의미는 인과의 법칙입니다. 모든 현상과 결과는 항상 그 원인이 있다는 의미지요. 불교 경전까지 들추지 않아도 우리는 예부터 콩 심은 데 콩 나고 팥 심은 데 팥 난다는 속담을 자주 활용했습니다. 모든 게 현상과 결과에 대한 인과관계와 인연법칙에 따라 움직인다는 진리를 강조하기 위해서일 것입니다.

또 '될 성 부른 나무는 떡잎부터 알아본다'라는 속담은 아동이나 청소년기가 얼마나 중요한지를 강조하는 말로 해석해야 합니다. 청소년기는 그 후의 인생에 지대한 영향을 미치므로, 이때 자신의 텃밭에 어떤 씨앗을 뿌리고 어떻게 가꾸었는지에 따라 결실이 달라집니다. 만약 이때 잘못된 씨앗을 뿌리거나 제대로 된 씨앗을 뿌렸더라도 잘 가꾸지 않으면 인생의 가을이라는 시기에 결실을 거두지 못할 것입니다.

뿌리를 튼튼하게 가꿔야 기둥이나 줄기가 강해지면서 잎이 푸르러 씨알이 굵은 열매가 열립니다. 땅속 깊이 뿌리를 제대로 내리지 못한 나무가 잘 자라서 큰 나무가 될 리 만무하고, 그런 나무에서 아름다운 꽃이나 열매가 맺힐 리 없습니다. 인생도 예외는 아닐 것입니다. 인생의 뿌리라고 할 수 있는 청소년기는 그래서 더욱 중요한 것입니다.

우리 인생은 뿌린 만큼 거두지요. 선과善果의 씨앗을 뿌리면 선과를 거두고, 악과惡果의 씨앗을 뿌리면 악과를 거두기 마련입니다. 지금부터라도 우리는 되도록 좋은 과일, 즉 선과의 씨앗을 많이 뿌리고, 그 씨앗에 좋은 거름을 많이 주어야 합니다.

가졌다고 베푸나요?
가지지 않아도 베풀 수 있습니다

옛말에 '자식 입에 밥 들어가는 것과 마른 논에 물 들어가는 것만큼 좋은 일은 없다'라고 했습니다. 언뜻 보면 굉장히 좋은 뜻으로 이해될 수 있겠지만 이는 지극히 이기적인 표현일지 모르겠습니다. 제가 이 말을 떠올린 이유는 바로 베풂의 뿌듯함을 이야기하고 싶기 때문입니다.

부모가 자식에게 베푸는 것은 응당 해야 할 당연한 일입니다. 그러나 그 베풂의 대상이 자식의 테두리를 조금씩 넘어갈수록, 즉 형제, 친척, 이웃, 사회로 갈수록 베푸는 것이 점점 더 어려워져요. 이처럼 누구에게 베푸는가에 따라, 즉 베풂의 수혜자 또는 대상자가 누구인가에 따라 베풂의 실천과 실천할 때의 크기와 빈도 등에 상당한 영향을 미치지요.

또 무엇을 베푸는가와 어떻게 베푸는 것도 매우 중요한 요소가 됩니다. 베풂을 받는 사람뿐만 아니라 베푸는 사람이 누구냐에 따라서도 큰 차이가 있는 것이지요. 그것은 주로 베푸는 사람에 따라 베풂의 대상, 방법, 빈도, 크기 그리고 무엇이 베풀어지는가가 달라지기 때문입니다.

우리는 세속적으로 베풂은 가진 자가 해야 한다고 생각하기 쉽습니다. 가진 것이 필요 이상이라 쓰고도 남으면 베풀어야 한다고 하지요. 하지만 베풂의 미학을 가진 사람들은 그런 것에 연연하지 않습니다. 쓰고도 남아 베푸는 것이 아니라 쓰지 않고 꽁꽁 아끼다가 베푸는 경우도 많기 때문이지요.

없이 사는 사람이 없이 사는 사람 마음을 더 잘 안다고 하지요. 폐지를 주워서, 김밥을 팔아서 모은 돈을 기부하는 사람들의 이야기는 매우 아름답습니다. 그래서 예전부터 진정한 부자는 가진 것이 많은 사람이 아니라 가진 것을 베풀어 마음이 풍족한 사람이라고 했는지도 모르겠습니다.

한편으로 물질적 베풂은 받는 사람으로 하여금 의존적인 사람이 되게 한다는 목소리도 없지 않았습니다. 그래서 소외된 계층에게 도움을 줄 때는 일시적인 것보단 선택의 기회와 기술을 제공하는 것이 더 중요합니다. 한번 물고기를 주고 마는 것이 아니라 평생 물고기를 잡을 수 있는 방법을 가르쳐주는 것이지요.

그러나 더 중요한 것은 뭐니 뭐니 해도 따뜻한 마음을 주는 것입니다. 마음은 한 번 준다고 해서 없어지는 소모품이 아니기 때문에 주면 줄수록 더 많이 줄 수 있는 묘약입니다. 사회심리학자인 에리히 프롬은 이렇게 말했지요.

'남에게 베푸는 것은 그 자체가 대단한 기쁨이다. 마음을 베풀면 자신도 모르는 사이에 남에게 새로운 활기를 불어넣어주고, 이 새로운 활기는 곧 자기 자신에게 또 다른 희망으로 돌아온다. 진심으로 자신의 것을 남과 나누면 자신도 모르는 사이에 다른 사람의 보답과 은혜를 받게 되는 것이다.'

그는 또 '베푼다는 것은 다른 사람에게는 새로운 기회를 주는 것이며,

자신에게는 보람이라는 큰 힘을 주는 것이다'라고도 했습니다. 베풂은 되로 주고 말로 받을 수 있으며 다른 사람의 아픔을 반으로 줄일 수 있지요. 불교의 윤회 교리는 선업善業을 많이 쌓으면 다음 생이 좋아지며 후손에도 영향을 미친다고 합니다.

이 세상은 수많은 인연법에 따라 살아갑니다. 베풂을 통해 많은 사람들과 선연을 맺고 선업을 쌓는다면 그 결과는 당신을 실망스럽게 만들지 않을 겁니다. 제가 계속 말하지만 콩 심은 데 콩 나고 팥 심은 데 팥 납니다.

여유가 있다고 해서 베풀 수 있는 것도 아니고 그것이 없다고 해서 베풀 수 없는 것도 아닙니다. 베풀고 베풀지 않은 것은 오로지 자신의 마음에 달렸습니다. 남아돌아 베푸는 것보단 부족하지만 베푸는 것이 더 값진 것이라 하겠지요. 베풂의 즐거움은 마음먹기에 따라서 언제 또는 어디서나 누릴 수 있습니다.

바로 지금 이 자리,
우리가 서 있는 이 자리

소리에 놀라지 않는 사자와 같이 그물에 걸리지 않는 바람과 같이
흙탕물에 더럽히지 않는 연꽃과 같이 무소의 뿔처럼 혼자서 가라.
Like a lion which is not startled at sound,
wind which is not caught by a net,
and a lotus flower which doesn't get dirty in the mud,
Go alone like the horn of a rhinoceros.

『숫타니파타』 중에서

　　　　　　　저는 동국대학교에서 학생들을 가르치고 있습니
다. 동국대는 조계종에서 나라에 큰 도움이 되는 인재를 기르고자 설립
한 학교라서 그런지 불교 영향을 강하게 받기도 합니다.

　물론 저의 종교는 불교라서 더욱 이야기가 그쪽에 치중되어 있을지
는 모르지만 제가 전하고 싶은 이야기는 모든 종교를 아우릅니다. 모든
종교는 진리를 말하니까요.

　저는 그 진리를 말하는데 단지 포장이 불교 성향이 덧씌워진 것뿐이

니 그 점 너그럽게 이해해주시기 바랍니다. 그럼 이야기를 다시 시작해볼까요?

우리는 항상 무언가를 바라면서 걱정하고 삽니다. 사업이 잘되기를 바라며 걱정하고, 아이들이 학교에서 공부를 잘하기를 바라며 걱정하고, 내일 아침 맑은 날씨가 되길 바라며 걱정합니다. 그뿐일까요? 우리는 지나간 일과 시간에 대해서도 쉽게 미련을 버리지 못합니다. 지난 일을 후회도 하고, 지나간 시간을 안타까워하기도 합니다.

당나라 선승인 임제의현의 가르침을 제자인 삼성혜연이 편집한『임제록』에는 '수처작주隨處作主 입처개진立處皆眞'이라는 말씀이 나오는데 바로 현재 이 자리의 중요성을 강조한 것입니다. 수처작주는 지금 그 자리가 어디든 그 자리의 주인이 되라는 것이고, 입처개진은 내가 서 있는 곳이 바로 진리라는 뜻입니다. 이를 함께 이해하면 우리가 바로 지금 이 자리의 주인이라는 의미입니다. 그렇다면 왜 임제의현은 '바로 지금 이 자리'를 지키라고 설법했을까요?

이유는 매우 단순하지만 그 의미는 무엇보다 중요합니다. 과거는 이미 흘러갔기에 지금에 와서 흘러간 옛 시간을 되돌릴 수 없고 그 흘러간 옛 시간에 대해서는 우리가 어찌할 수가 없습니다. 반대로 미래는 아직 오지도 않았는데 오지도 않은 내일의 시간을 어찌할 수는 없는 것입니다. 따라서 우리가 어찌할 수 있는 것은 지금 여기 이 자리밖에 없는 것입니다. 이미 가버린 과거를 후회하고, 아직 오지도 않은 미래를 걱정하는 것은 아무 소용도 없습니다.

물론 이 말이 과거를 반성하지도 말고, 미래를 준비하지도 말라는 것은 결코 아님을 잊어서는 안 됩니다. 과거를 반성할 줄 모르고 미래를 준비할 줄 모르는 사람에게는 결코 발전이 있을 수 없기 때문이지요. 과거의 반성을 통하여 실수와 실패를 거듭하지 않고 더 나아질 수 있으며, 미래의 준비를 통하여 남보다 더 앞서갈 수 있기 때문입니다.

그렇다면 '자기 자신의 주인'이 되라는 것은 무슨 의미일까요? 재물을 주인으로 알고 지나치게 섬기면 재물, 즉 돈의 노예가 되고, 권력을 주인으로 섬기면 권력의 노예가 되며, 신의 존재에만 매달리면 신의 노예가 되고 맙니다. 돈이, 권력이, 신이 자신을 대신해주지도 않으며 삶을 대신 살아주지도 않습니다. 나 아닌 다른 것을 주인으로 섬기게 되면 나의 주인인 나 자신은 그것들의 노예가 되겠지요.

물론 신도 우리의 생에 있어서 매우 중요하며, 돈도 없어서는 안 될 중요한 가치를 지니고 있고, 권력도 적당히 있으면 나쁠 건 없습니다. 그것들이 다 우리에게 매우 중요한 것이긴 하지만 그것들은 다 '나'라는 주연을 돕는 조연에 그쳐야 하는 것입니다. 그렇지 않으면 주객이 전도되어, 말 그대로 주인과 손님이 뒤바뀌어 돈이 나의 주인이고 나는 그 돈의 노예가 되고 말 것입니다.

세상의 모든 일은 그냥 하늘에서 떨어지지 않습니다. 모두 인연의 결과라고 하지요. 내가 주인이라는 의식을 가진다면 내 마음이 바로 '인因', 즉 원인이고 그 밖의 다른 것들은 다 '연緣', 즉 주변 여건과 환경에 지나지 않는 것입니다. 물론 주위의 환경과 여건이 좋으면 더 좋은 결과를 만들 수 있지만 그 여건이나 환경만으론 아무것도 만들어내지 못합니다. 그래서『성경』에서도 하늘은 스스로 돕는 자를 돕는다고 하지 않았나 싶습니다.

산은 그저
그 자리를 지킬 뿐이지요

몇 년 사이 불교 가르침에 대한 관심이 많아졌습니다. 특히 참선에 대한 관심은 동서양을 막론하고 증가하는 추세지요. 특히 서구의 많은 나라에는 젠센터Zen Center라고 하는 선원이나 선방이 유행처럼 번지고 있다고 합니다. 물론 그 이전에도 서구사회에 불교사찰과 선원 또는 불교와 관련된 시설이나 기관이 전혀 없었던 것은 아닙니다. 베트남의 틱 낫한 스님이 프랑스에 불사한 플럼 빌리지처럼 오래된 것도 적지 않으니 말입니다.

서구인들이 동양의 선禪에 빠지게 되는 이유는 무엇일까요? 다양한 이유가 있겠지만 우선 아마 선이라는 것이 복잡다단한 현대사회의 삶을 영위하는 데 마음을 다스릴 수 있게 해주는 좋은 방편이 되어주기 때문이지 않나 싶습니다.

물론 다른 모든 종교도 마찬가지로 마음을 다스리는 데 도움이 되고 있음에도 현대인, 특히 서양인들이 유독 불교에 더 심취하는 데는 그만한 이유가 있을 것입니다. 그것은 다른 종교에 비해 수행을 기반으로 하는 마음공부에 집중하기 때문이지요.

그렇다면 우리는 어떻게 마음공부를 할 수 있을까요? 선에 대해 상당한 경을 터득했던 경허선사의 말씀을 간추려봅시다. 경허선사가 전하는 다양한 참선 방법은 불교도가 아니더라도 우리가 인생을 살아가면서 쉽게 무너질 수 있는 것들을 바로 세울 수 있는 조언들이니 알아두면 좋을 것입니다.

먼저 '희로심喜怒心'을 내지 말라는 충고부터 귀기울여볼 필요가 있습니다. 글자 그대로 좋은 일이 생겼다고 너무 기뻐할 것도 아니고 나쁜 일이 생겼다고 너무 한탄하거나 원망할 것도 아니라는 것입니다. 그것은 기쁘고 화난 것도 다 한때이지 화냄도 기뻐함도 평생 가지는 못합니다. 하늘의 구름처럼 언젠가는 사라지게 마련이라는 것이지요.

다음은 '팔풍八風', 즉 8가지 바람의 노예가 되지 말라는 것입니다. 여기서 말하는 8가지 바람이란 바로 누가 나를 칭찬하거나 누가 나를 욕하거나 나한테 좋은 일이 생기거나 나한테 나쁜 일이 생기거나, 누가 나의 명예를 기리거나 누가 나를 폄하하는 것을 말합니다.

누가 나를 칭찬한다고 해서 너무 좋아할 것도 아니고, 누가 나를 욕한다고 해서 화를 내고 분풀이를 해야 하는 것이 아니라는 것입니다. 그것들은 다 그냥 스쳐 지나가는 바람에 불과합니다. 바람이란 자고로 동풍이 불다가도 갑자기 서풍으로 바뀌기도 하고, 북풍이 갑자기 남풍이 되기 때문이지요.

비록 흰 구름은 왔다가 가고 갔다가도 다시 오곤 하지만 푸른 산은 그 자리에 그대로 무언가를 지키며 서 있습니다. 항상 그 자리에 그대로 머물면서 흰 구름이 오던 먹구름이 오던 간에 오던 바람 그대로 받아주고, 흰 구름이 가고 먹구름이 가도 산은 그저 그 자리를 지킬 뿐입니다. 흰 구름에 환호하지도 않고, 먹구름이 온다고 쫓아내지도 않습니다. 흰 구름도 먹구름도 그냥 한때 지나가는 구름일 뿐입니다.

우리는 작은 일에 웃고 울고 할 필요가 없습니다. 세상사를 짧게 생각한다면 작은 일에도 울고 웃어야 하겠지만 세상사를 멀리 본다면 아무것도 아닌 것입니다.

지금은 나 자신을 추스르지 못할 정도로 힘들겠지만 시간이 흐르면 그냥 쓴웃음만 나오는 하찮은 것에 지나지 않는다는 것을 우리는 적지 않게 경험하고 있지 않습니까. 그때 내가 왜 그랬지, 조금만 참을걸, 조금만 양보할걸 등과 같은 때늦은 후회를 하지 않도록, 세상이 힘들고 각박할수록 더 넉넉한 마음가짐이 필요한지도 모르겠습니다.

132

2017 진슬

지금 우리는 무엇을 생각하며 살아야 할까요?

빈 수레가
더 요란하다지요?

겸손하지만 단호해라. 겸손과 솔직함이
자기 신념을 양보하지 않고도 성공할 수 있는 열쇠이다.
Be humble, but firm. Humility and openness are
the key to success without compromising your belief.
ㅣ
조지 히켄루퍼(미국 다큐멘터리 영화감독이자 제작자)

벼는 익을수록 고개를 숙인다고 하지요? 그리고 빈
수레가 더 요란하다고 하지요? 이는 다 겸손하라는 의미를 가지고 있습
니다. 그렇다고 무조건 자신을 낮추거나 하대하라는 것은 결코 아닙니
다. 그것은 비굴함이지 겸손이 아닙니다. 겸손은 하되 당당하게 하라는
것이지요.

조금 어렵지요? 당당하게 겸손하라는 말이 조금 어패가 있을 수 있습
니다. 하지만 저는 자신에 대한 믿음이 강하다면 당당한 겸손이 가능하

다고 생각합니다. 많이 가진 사람이, 지위가 높은 사람이, 능력이 뛰어난 사람이 자신을 내세우기보다 오히려 낮추고 상대방을 존중한다면 이것이 바로 당당한 겸손이라고 할 수 있습니다. 자기 자신의 능력을 파악하고 부족한 점에 대해선 인정하면서 그 부분을 개선하기 위해 노력하면 자신에 대한 믿음이 생기면서 다른 사람에게도 관대해지겠지요. 혹시라도 자신의 부족함을 알더라도 그것을 인정하지 않는다면 그것은 패배주의에 지나지 않습니다.

한때 한국 최대의 통신회사인 KTF가 일본 최대 이동통신업체인 NTT 도코모사와 전략적 지분제휴를 추진한 적이 있습니다. KTF는 "우리는 모든 유통망을 넘겼기 때문에 2위 사업자에 지나지 않지만 앞으로 1위가 되겠다는 생각만큼은 넘기지 않았다"는 다짐으로 겸손하지만 당당한 모습으로 협상에 임하여 성공했다고 합니다. 미국의 유명 렌트카 회사인 아비스AVIS는 "우리는 2등입니다. 그래서 더욱 열심히 합니다"라는 영업 슬로건을 내걸어 겸손하지만 당당한 자세로 상당한 매출의 신장을 이룰 수 있었다고 합니다.

이는 비단 기업에 한정된 이야기가 아닙니다. 인간관계에서도 적용될 수 있지요. 지위와 권력, 재산과 학식에다 잘생김까지 챙긴 어떤 사람이 자신의 장점을 내세우며 자랑만 한다면 그 사람은 참 비호감으로 비칠 수 있습니다. 하지만 반대로 그 모든 것을 가졌지만 자신을 낮추고 남을 배려하는 모습과 좋은 인성까지 겸비한다면 호감은 물론 존경까지 받을 겁니다.

이런 상황인데 가진 것도, 아는 것도, 잘난 것도 없는 사람이 남에 대한 배려는 고사하고 남을 업신여기고 비난하고 깔보는 것은 무례한 행동입니다. 자신에게 당당하지만 남에게 겸손할 수 있는 자세, 이것이 당당한 겸손입니다.

그러나 불행하게도 많은 사람들이 자신에겐 겸손하면서 남에겐 당당하게 대합니다. 자신에겐 관대하지만 남에겐 냉정합니다. 자신에겐 후하지만 남에겐 조잔하게 굽니다. 결국 남이 하면 불륜이고 자기가 하면 로맨스로 미화하는 것이지요. 이런 모습을 보면 참 옹졸해 보입니다.

왜
안 들으세요?

우리 주변에는 말을 잘하는 사람이 많습니다. 특히 일부 유명한 정치가들의 언변은 매우 뛰어나지요. 미국 대통령 중에서도 링컨, 케네디, 레이건, 클린턴 그리고 오바마까지 누구 하나 연설을 못하는 사람은 없었습니다. 특히 미국의 연설 중 베스트를 차지하는 킹 목사의 '나에겐 꿈이 있다'는 매우 유명하지요.

그들은 어떻게 그런 명연설을 남길 수 있었을까요? 다른 사람의 하는 말에 귀를 기울였기 때문은 아닐까 합니다. 상대방의 말을 잘 듣다 보면 그 상대를 더 많이 알게 됩니다. 그러니 상대방을 설득할 수 있는 적정한 표현과 내용을 말할 수 있겠지요.

흔하게 인용되는 손자병법의 '지피지기 백전불태知彼知己,百戰不殆'도

적을 알고 나를 알면 백 번을 싸워도 위태롭지 않다고 하지 않았습니까? 상대를 잘 알아야 상대를 설득할 수 있고, 상대의 기분을 상하지 않도록 말할 수 있는 겁니다.

언변에 능하지 못한 사람이나 언어장애를 겪고 있는 사람들은 실제로 청각에 장애를 가지고 있는 경우가 있습니다. 듣지 못하기 때문에 말을 제대로 할 수 없는 것이지요.

외국어를 습득하는 데도 마찬가지입니다. 귀가 뚫려야 입이 트이는 법입니다. 라이브에 능한 가수들의 경우 '입으로 노래하지 않고 귀로 노래한다'라고 합니다. 잘 들어야 그 음정에 맞게 리드미컬한 음색을 발휘할 수 있는 것이지요. 아마도 입은 논리를 따르지만 귀는 감성을 지배하기 때문일 겁니다.

그렇기 때문에 대화를 할 때는 자신의 이야기를 하기 보단 상대방의 이야기를 더 많이 들어야 합니다. 누구나 자신의 이야기를 할 때는 허영, 과장, 자기도취, 자기 자랑이 많이 섞이기 때문에 상대방의 동조를 얻기 어렵습니다.

영국의 정치가였던 필립 체스터필드는 자신의 결점을 숨기고 장점을 알리려고 한다면 오히려 결점이 더 부각되고 장점은 묻히게 된다고 경고했습니다. 말을 삼간다면 오히려 겸손한 사람이라는 평을 받을 수 있지만 자기도취에 빠져 자기 말만 하면 불필요한 시기나 비난을 받을 수 있습니다.

일반적으로 사람들은 상대방이 자신보다 잘났거나 잘난 척을 하는 사람을 그리 좋아하지 않습니다. 특히 잘난 것도 없으면서 잘난 척을 하는 것으로 비친다면 진솔한 대화는 아예 불가능해지겠지요. 반면 대부분의 사람들은 자신을 존중해주고 칭찬해주는 사람을 더 좋아합니다. 따라서 상대와 좋은 관계를 지속하고 좋은 대화를 나눠 좋은 결과를 얻기를 바란다면 우선 상대방의 말을 경청하는 것이 가장 중요합니다.

지나치지도, 모자라지도 않은 적당한 게 가장 좋지요

중용의 도를 아십니까? 어느 한쪽으로도 쏠리지 않고 조화를 이루는 것이 중용입니다. 이는 이념과 철학 또는 사상 등에 있어서 방향상의 편향, 즉 왼쪽으로 너무 치우치지도 말고 오른쪽으로 너무 치우치지도 않는 것을 말하지요.

방향뿐만 아니라 정도의 문제에 있어서도 마찬가지입니다. 때로는 모자람보다 지나침이 더 많은 문제를 만들어내기도 합니다. 이것을 우리는 '과유불급', 즉 '지나침은 모자람만 못하다'라는 한자어로 표현해왔지요. 지나침은 모자람만 못하다는 예는 아주 많은데 몇 가지만 들어볼까요?

음식의 경우, 소식보다 과식이 많은 질병을 불러온다고 합니다. 적당한 음주는 득이 될 수도 있지만 과음은 몸을 망가뜨리지요. 운동과 노는 것도 마찬가지입니다. 이처럼 모든 일들이 적당하면 좋지만 지나치거나 모자라면 좋지 않습니다.

우리가 권장하는 미덕 중에 관용이라는 것이 있습니다. 사회적 동물인 인간에게 서로를 용서하는 관용은 매우 중요한 덕목입니다. 거의 모든 종교에서 관용을 강조하지요. 그러나 관용이 지나치면 버릇이 없어지고 나아가 응석으로 바뀌게 됩니다. 버릇이 없거나 응석이 심한 사람은 무례한 사람이 되어 사회생활을 원활하게 할 수 없습니다.

어려운 경제 상황일수록 우리는 돈의 중요성과 절약의 미덕을 강조했습니다. 때론 소비가 미덕인 경우도 있지만 대부분의 경우 절약의 미덕을 더 강조하지요. 적어도 쓸데없이 또는 불필요한 소비는 하지 않아야 하지만 절약도 지나치면 사람을 인색하거나 옹색하게 만들지요. 소비도 그렇습니다. 무엇이든 적당하거나 현명한 소비는 새로운 부나 제품의 창출을 위한 투자가 될 수 있습니다. 소비가 문제가 되는 것은 지나친 소비, 즉 과소비가 문제가 되는 것이지요.

성공한 사람들은 대부분 용기를 가지고 앞으로 나아갔기 때문에 그 결과로 성공이라는 것을 손에 쥘 수 있었습니다. 하지만 용기가 지나치면 그것은 만용이 되기도 합니다. 만용은 사람을 건방지게 만들고 건방지면 다른 사람의 배려나 관용의 미덕을 알지 못합니다. 혹은 알더라도 모른 척하는 것이지요.

우리가 필요한 것은 진정한 용기이지 만용이 아닙니다. 특히 섣부른 용기는 자신을 더 어렵게 만들기도 합니다. 생각보다 행동이, 행동보다 말이 앞서는 것은 바람직하지 않습니다. 매사 신중하게 생각하고 판단하고 결정하는 것이 좋은 결과를 불러옵니다. 물론 너무 신중하면 코앞에 온 기회도 잡지 못하고 때론 비겁함으로 비치기도 하지요.

칭찬은 매우 좋은 동기부여가 됩니다. 사람에게 용기, 희망, 격려, 힘, 자극 등을 주지요. 하지만 칭찬에 진정성이 없거나 너무 많이 한다면 아부가 됩니다. 칭찬할 줄 모르는 사람도 문제지만 칭찬이 지나쳐서 아부만 하는 것은 신뢰성이 없는 말장난에 지나지 않습니다.

저는 제가 가르치는 제자뿐만 아니라 지금 이 시대를 살아가는 모든 젊은 친구들이 기성세대의 좋지 못한 점보단 좋은 점을 본받아 더 나은 사람이 되었으면 좋겠습니다.

그러기 위해서는 살아가는 도리를 알아야겠지요. 그 도리는 대단한 것이 아닙니다. 그것은 아주 단순하지만 지켜내기가 어렵지요. 하지만 전 그것을 생각하며 행동하면 조금은 사람다움을 뿜어내며 살아갈 수 있지 않을까 싶습니다.

지금 우리는 무엇을 생각하며 살아야 할까요?

이 날은
누군가가 그토록 바란 하루일 수 있습니다

행복이 무엇인지 찾기만 한다면 결코 행복해질 수 없다.
또한 인생의 의미만 찾으려고 한다면 결코 삶을 영위할 수 없다.
You will never be happy if you continue to search
for what happiness consists of. You will never live
if you are looking for the meaning of life.

|

알베르 카뮈(프랑스 소설가이자 사상가)

지금은 모든 것이 빨라야 하는 속도의 시대입니다. 과거엔 노하우Know-how에 가치를 두었다면 지금은 노웨어Know-where가 중요해졌지요. 우리는 어쩔 수 없이 매일매일 숨가쁘게 돌아가는 사회 흐름에 적응하기 바쁩니다. 4G도 놀랍다 싶었는데 어느새 5G를 광고하니, 계속 등장하는 신기술에 눈이 휘둥그레집니다.

진중하게 학문을 연구하는 공간인 대학교마저도 이젠 시간과의 싸움, 즉 무엇이든 더 빨리 결과를 내놓아야 하는 경쟁의 장으로 바뀐 지

오랩니다. 대학교가 생긴 이후, 이곳은 학자들이 여유롭게 학문을 연구하면서 논리를 펼치는 곳이었습니다. 자신을 돌아보고 주위를 살피면서 진정한 가치에 눈을 두었지만 지금은 그럴 여유는 엄두조차 내지 못합니다. 언젠가 헤르만 헤세는 이런 말을 했다고 합니다.

> "가능한 많이 그리고 가능한 빨리라는 것이 현대생활의 구호이다. 여기서 쾌락은 점점 증가하지만 기쁨은 점점 적어지는 결과가 된다."

단기간에 무언가를 이뤄낸다는 것은 꽤나 매력적인 일이고 쾌감은 높아질 것입니다. 다만 과연 완벽하게 이뤄낸 것인가 하는 의문과 함께, 어서 빨리 다른 것을 성취해야지 하는 급박감과 함께, 성취에 대한 감사와 즐거움이 적어질 수도 있을 겁니다. 그러면서 마음의 여유는 점점 사라지고, 조급함만 늘어갈 테지요. 급박하게 돌아가는 세상에 살수록 좀 더 마음의 여유를 가지라고, 이해인 수녀는 권합니다.

> "늘 반복되는 일들을 새로운 마음으로 기쁘게 하라. 꾸준히 그렇게 하다 보면 마음의 기쁨 때문에 절로 여유가 생기고, 바쁜 중에도 생기는 자투리 시간들을 이용하여 남을 기쁘게 하는 일에도 인색하지 않을 수 있기 때문이다."

자투리 시간을 활용해 나를 위해서가 아니라 다른 사람을 위해 쓰라

는 말은 지나치게 세상물정을 모르는 말일까요? 그럴 시간이 있으면 잠이라도 더 자겠다는 투정이 더 나은 걸까요? 저는 그렇게 생각하지 않습니다. 나만을 위한 생활만 지속하다 보면 사람과 사람의 온도를 전해 받지 못해 마음의 습도는 점점 메말라가 바짝 마른 쭉정이 한 뭉텅이만 남게 될 수도 있습니다.

바쁘지만 부모의 얼굴을 더 자주 보고, 바쁘지만 사랑하는 사람과 대화를 더 나누고, 바쁘지만 누군가를 사랑할 수 있는 시간을 만드는 것이 좋다고, 전 생각합니다. 내 생활에만 치중하다 보면 어느새 내 주위에 있던 사랑하는 사람들은 남아 있지 않을 수도 있습니다. 이해인 수녀는 또 이렇게 말했습니다.

"바쁘다, 지겹다, 속상하다, 죽겠다는 말을 연발하기 전에 다만 작은 것 한 가지라도 기뻐하고 감사할 거리를 찾는다면 바쁜 생활 중에서도 우리의 마음은 늘 생기를 잃지 않게 되고, 이것이야말로 소중한 삶의 지혜다."

우리는 매일 아침 눈뜨자마자 오늘 내가 숨을 쉬고 살아 있음에 감사할 줄 모르고, 매일 학교에서 공부할 수 있는 환경에 감사하기보단 지겨워하고, 직장으로 인해 경제적으로 여유 있게 생활할 수 있음에도 힘들다고 투덜댑니다.

우리의 하루가 다른 이에겐 그토록 바란 하루가 될 수 있고, 우리가 아무 생각 없이 학교나 직장에 가는 일상이 누군가에겐 그토록 바란 생활일 수 있습니다. 살아 있어서 감사하고, 공부할 수 있어서 감사하고, 일할 수 있어서 감사하면 바쁘게 돌아가는 급박한 이 시대를 조금은 여유롭게 살아갈 수 있지 않을까요?

당연하다고요?
당연하지 않을 수도 있습니다

왜 우리는 작은 기쁨이 주는 것에 감사하지 않을까요? 아마도 너무 일상적으로 일어나는 당연한 일로 여기기 때문이겠지요. 요즘 미세먼지가 기승을 부립니다. 언제부턴가 공기가 점점 탁해지면서 마스크가 필수품이 되었습니다. 정부에선 미세먼지 지수가 높아지면 외출을 자제하고 외출할 시 마스크를 착용하라는 문자를 보내줍니다. 기상청의 댓글을 보면 맑은 공기를 마시고 싶다는 의견이 다수를 이룹니다. 공기가 맑았을 때는 그것에 대한 고마움을 모르다가 공기가 탁해지니 절로 그것에 대한 소중함을 깨닫는 것이지요.

32살의 나이에 아깝게 세상을 떠난 의사인 이무라 가즈키요가 쓴『아스카에게, 아직 태어나지 않은 아이에게 飛鳥へ`そしてまだ見ぬ子へ』가 있습니다. 그는 병마와 싸우면서도 죽기 직전까지 살아갈 용기와 자상함을 잃지 않았다고 합니다. 혼자 남을 아내와 자식을 먼저 떠나보낸 아픔을 겪을 부모에게 보내는 마음을 담은 이 책은 아마도 우리나라엔『종이학』이라는 제목으로 출간되었을 겁니다. 아마 그는 원고를 완성하기 전

부터 맺음말을 썼다지요. 이 책엔 우리의 모자람을 일깨우는 시가 나옵니다.

왜 모두 기뻐하지 않을까

당연하다는 사람들

아버지가 계시고 어머니가 계시다

손이 둘이고 다리가 둘

가고 싶은 곳을 자기 발로 가고

손을 뻗어 무엇이든 잡을 수 있다

소리가 들린다

목소리가 나온다

그보다 더한 행복이 어디 있을까

그러나 아무도 당연한 사실들을 기뻐하지 않아

당연한 걸 하면서 웃어버린다

세 끼를 먹는다

밤이 되면 편히 잠들 수 있고 그래서 아침이 오고

바람을 실컷 들이마실 수 있고

웃다가 울다가 고함치다가 뛰어다니다가

그렇게 할 수 있는 모두가 당연한 일

그렇게 멋진 걸 아무도 기뻐할 줄 모른다

고마움을 아는 이는 그것을 잃어버린 사람들뿐

우리는 걷고 말하고 보고 듣고 하는 일들의 중요성을 모르고 너무 당연하게 그것을 누립니다. 만약 그런 것에 장애가 온다면 느끼겠지만 그때는 한참 늦은 후겠지요. 하찮은 것에도 나름의 가치가 있는 것이기에 우리는 평범한 일상에 항상 고마워하는 마음으로 살아가야 할 것 같습니다.

항상 힘이 되어주는 부모, 늘 곁에 있어주는 형제, 언제나 정을 나누고 믿어주는 친구에게 고마워하고, 오늘 하루 건강하게 일상을 보낼 수 있다는 것에 고마워하고, 밝은 내일을 기다릴 수 있음에 고마워해보면 어떨까요? 고마움을 모르는 사람에겐 자기 성장의 기회는 오지 않을 테니까요.

사소하다고
그냥 지나치시게요?

장작을 패라고 6시간을 준다면
나는 처음 4시간을 도끼를 가는 데 쓸 것이다.
Give me 6hours to chop down a tree and
I will spend the first four sharpening the axe.
|
에이브러햄 링컨

선이 굵고 통이 크고 대범할수록 성공 가능성이 높아진다고 생각하십니까? 일부 기업가나 정치가들은 이런 경우가 많았기 때문에 우리는 그렇게 생각합니다. 물론 정치가와 기업가들은 치열한 경쟁 속에서 이기기 위해 모험도 감수하고 위험도 극복하고 결정적인 단안을 내릴 수 있는 용기와 담력이 있어야 합니다. 그리고 담대한 지도력을 발휘해 밑의 사람들을 이끌어야 하지요.

아무리 작은 조직이라도 조직의 장은 조직 구성원들보다는 모든 면에서 뛰어나야 하고 그 지위에 맞는 크기의 그릇을 가져야 하는 것에는 이론의 여지가 없을 것입니다. 흔히 보스 기질이라고 하지요.

그러나 문제는 위대한 장군도 정치가도, 성공한 기업가 모두 처음부터 지금의 위치에 있지는 않았다는 점입니다. 차근차근, 하나하나, 한 단계 한 단계 거치면서 성장하고 발전했을 것입니다. 일국의 대통령도, 전쟁에서 승리한 장군도, 성공한 기업인도 그 자리에 오르기까지는 많은 단계를 거쳐서 현재에 다다른 것이지요. 물론 가업을 물려받은 기업인도 없지는 않겠지만 자수성가한 기업인이라면 누구나 그런 과정을 거쳤을 것입니다.

'천 리 길도 한 걸음부터'라는 속담처럼 누구나 첫 걸음을 떼지 않으면 천 리라는 먼 길을 갈 수 없습니다. 높고 높은 마천루도 1층부터 쌓지 않으면 올라갈 수 없습니다. '바늘구멍으로 황소바람 들어온다', '호미로 막을 것을 가래로 막는다'도 같은 맥락에서 이해할 수 있을 것 같습니다. 모든 일을 작은 것부터, 원칙에 충실하여, 꼼꼼하게 처리하라는 의미를 갖고 있지요. 사사로운 일도 제대로 하지 못하는데 어떻게 큰일을 할 수 있겠습니까.

지금은 은퇴했지만 세계 정상에 올랐던 피겨스케이팅 선수 김연아는 훈련의 한계에 부딪힐 때마다 이런 주문을 걸었다고 합니다.

"이 순간을 넘어야 다음 문이 열린다. 그래야 내가 원하는 세상으로 갈 수 있다."

훈련하다 보면 근육이 터져버릴 것 같고 연습한 만큼 결과가 좋지 못할 수도 있었을 겁니다. 그럴 때마다 이것으로 충분하다며 다음으로 미루고 싶은 유혹이 슬며시 올라왔을 것입니다. 이때 주저앉는다면 지금의 김연아는 없었을 것입니다. 특히 김연아 선수는 동작 하나하나, 음악과 대회 의상 선택, 화장 등 사소한 것에도 꼼꼼하게 챙겼다고 합니다.

루돌프 줄리아니가 뉴욕 시장에 당선된 그 시기 뉴욕은 범죄 문제로 골치를 앓고 있었습니다. 강도, 마약, 소매치기, 홈리스들의 천국이었지요. 대낮에도 강도를 당했고 지나가던 차가 신호등에 서면 날치기떼가 달려왔습니다. 지금의 타임스퀘어 뒷골목은 마약과 매춘의 거리였고 도심에서 약간 벗어나기만 해도 목숨을 내놓을 정도의 담력이 필요했다고 합니다.

줄리아니는 모든 흉악한 범죄의 씨앗은 바로 작은 것에서 시작된다고 믿었고 바로 범죄와의 전쟁을 선포했습니다. 범죄의 경중을 가리지 않고 모두 처벌했지요. 그는 주택의 창문이 하나 깨졌는데 그것을 바로 갈아끼우지 않고 방치하면 다른 창문이나 현관문도 깨지다가 급기야 그 집은 범죄의 소굴이 된다고 생각했습니다. 사소한 것 같지만 깨진 창문부터 갈아끼우는 것이 범죄 문제해결의 출발점이라는 것이지요. 이것이 그 유명한 '깨어진 창Broken Window' 이론입니다.

사소한 것이라도 그대로 방치하면 결국 큰 문제로 확대될 수 있기에 길거리의 쓰레기, 담배꽁초 하나, 청소년들의 배회, 술주정꾼 등을 단속한 것입니다. 그는 이런 작은 사소한 일탈도 용납되어서는 안 되며 철저히 단속되어야만 더 큰 범죄 문제를 해결할 수 있다고 판단해 경미한 일탈행위까지도 엄격하게 단속했습니다. 이것이 바로 '무관용Zero Tolerance 원칙'입니다. 그는 이런 원칙을 경찰에도 적용해 철저하게 법을 집행하도록 했는데 이것이 '무관용 경찰활동Zero tolerance policing'이라고 합니다.

다만 불행하게도 많은 사람들이 꼼꼼함을 부정적으로 인식하는 경향이 있습니다. 너무 세세하게 파고들면 대인배로서의 자질이 떨어진다고 생각한 것이지요. 그러나 성공한 사람들 중에는 주위 사람, 부하직원, 동료 등을 꼼꼼하게 챙기는 사람들이 많을 뿐더러 강력한 리더십을 발휘해 큰 존경을 받는 경우가 더 많습니다.

LIFE PROFILING

4

지금 세상은
이렇게 돌아가고
있습니다

It is by action that an organization develops its faculties, increases its energy, and attains the fulfillment of its destiny.

두 달여 동안, 하루 종일,
먹지도 않고 품었습니다

조직의 능력을 개발하고, 에너지를 증대시키며,
목표의 성취를 가져다주는 것은 바로 행동이다.
It is by action that an organization develops its faculties,
increases its energy, and attains the fulfillment of its destiny.
|
콜린 파월(미국 최초의 흑인 국무장관)

남극은 일 년 내내 얼음이 녹지 않는 얼음의 땅이라고 합니다. 그 얼음의 땅에도 자연의 신비함과 위대함은 살아 있지요. 그 동토의 매서운 칼바람 속에서도 생명이 나고 자라는 것입니다. 그중에서도 남극을 대표하는 것이 있다면 그것은 단연 펭귄일 것입니다. 여기에는 그만한 이유가 있습니다.

남극은 보통 체감온도가 영하 70도나 된다고 합니다. 그 무서운 칼바람이 부는 혹한에서도 펭귄은 번식을 하지요. 펭귄의 종족 번식은 우리 인간과는 다릅니다. 펭귄 엄마가 번식을 위한 알만 낳고 바다로 떠나버리면 그 알을 부화하는 것은 온전히 펭귄 아빠의 몫입니다. 펭귄 아빠는 강추위에 알을 부화하기 위해 따뜻하게 감싸는데 이때 얼음 바닥에 떨어지지 않도록 자신의 발등에 올려놓습니다. 즉, 펭귄 아빠는 알이 부화할 때까지는 아무것도 먹지 못하고 꼼짝도 하지 못하면서 발등에 있는 알을 보호하는 것이지요. 굶주림 속에서 강풍과 눈보라를 온몸으로 막으면서 알을 품는 것입니다.

그뿐만이 아닙니다. 남극도 치열한 생존의 경쟁이 벌어지지요. 특히 추위 속에서 먹거리가 많지 않은 남극에서의 생존은 더욱 치열합니다. 배고픔에 굶주린 바다표범과 갈매기들은 호시탐탐 펭귄 아빠는 물론이고 알까지도 노립니다. 그래서 펭귄 아빠들은 추위와 배고픔은 물론이고 바다표범과 갈매기와 같은 포식자들의 공격을 막아야 합니다. 이렇게 두 달여의 시간을 보내면서 펭귄 아빠는 몸무게가 절반으로 줄어듭니다.

이것이 바로 남극의 신사라고 하는 펭귄 아빠의 자식을 사랑하는 보호본능이라고 합니다. 아마도 펭귄의 이러한 지독하고 강인하며 눈물겨운 자식 사랑과 보호본능 때문에 남극의 주인공으로 살아올 수 있었던 것은 아닐까 합니다.

물론 이러한 자식 사랑과 보호본능이 비단 펭귄에게만 있는 것은 아니겠지요. 거의 모든 동물이 그 방법과 정도의 차이는 있을지 모르지만 자기 나름의 자식 사랑과 보호본능을 가지고 있을 것입니다. 아프리카의 맹수들도, 집안의 애완동물도, 농장의 가축들도 모두 자식을 사랑하고 보호하고 지키려는 눈물겨운 노력들을 하고 있습니다.

심지어 사람도 자식 사랑과 보호본능에 있어서는 이들 짐승보다 더하면 더하지 결코 덜하지는 않을 것입니다. 아내와 자식을 멀리 외국으로 보내고 혼자 남아 가족들을 경제적으로 뒷바라지하는 아빠들을 우리는 흔히 기러기 아빠라고 합니다. 여기서 기러기 아빠와 펭귄 아빠의 차이점이 무엇인지 아십니까? 아내와 자식들이 보고 싶을 때 언제라도 갈 수 있는 여유가 있다면 기러기 아빠고, 아내와 자식이 찾아오지 않는 한 만날 수 없는 처지에 있다면 펭귄 아빠라고 합니다.

쓸쓸한 이야기지만 잘 어울리는 비유인 것 같습니다. 저는 다시 한 번 되짚어봅니다, 과연 제가 자식을 사랑하고 보호하려는 본능이 충분히 강했는지. 다만 세상의 모든 아버지들이 같은 마음이겠지만 최선을 다한 아버지로 비쳐지길 바라고 기대할 따름입니다.

펭귄을
귀엽게만 보시고 있다고요?

영어권에선 '퍼스트 펭귄First Penguin'이라는 관용어를 자주 사용합니다. 의미는 글자 그대로 '첫 번째 펭귄'입니다. 왜 이런 관용어가 생겼을까요? 펭귄은 먹이를 찾으러 바다로 뛰어들 때는 떼를 지어 우르르 몰려가지만 정작 바다에 뛰어들기 직전에는 일제히 제자리걸음을 하면서 머뭇거립니다. 아마도 바다에는 펭귄이 먹을 먹잇감도 있겠지만 자신도 먹잇감이 될 수도 있다는 두려움 때문이겠지요.

그곳에는 물개와 바다표범이 우글거렸을 테니까요. 머뭇거리는 펭귄 무리 중에도 불확실하나 위험의 바다로 맨 먼저 뛰어드는 용감한 펭귄이 있습니다. 그가 뛰어들면 다른 펭귄들도 바다로 뛰어들지요. 그 펭귄을 바로 '퍼스트 펭귄'이라고 부릅니다.

펭귄은 위협을 인지하는 능력이 타의 추종을 불허할 정도로 뛰어나다고 합니다. 아마도 그런 능력은 신중함의 결과라고 할 수 있겠지요. 그런 무리 속에서 어둠 속의 불확실성과 위험을 뚫고 바다로 뛰어드는 '퍼스트 펭귄'이 있다는 것은 대단한 용기가 아닐까 합니다.

조직이나 단체에서 과감하게 위험을 무릅쓰고 집단에 솔선수범하는 사람들이 있지요. 이들을 '퍼스트 펭귄'이라 합니다. 위험과 불확실성 때문에 누구 하나 먼저 앞서지 못하면서 머뭇거리며 눈치만 보고 있을 때 가장 먼저 위험에 도전하는 선구자를 뜻하는 것이지요. 지금은 그 의미가 더 확장되어 새로운 아이디어나 기술력을 가지고 새로운 시장에 뛰어드는 경우까지 포함하고 있습니다.

미국의 카네기멜론대학교의 랜디 포시 교수가 제프리 재슬로와 함께 쓴 『마지막 강의The Last Lecture』에서는 '퍼스트 펭귄'이라는 관용어에서 아이디어를 얻어 실패하더라도 자신의 목표를 성취하기 위해 커다란 위험을 무릅쓴 학생에게 주는 '퍼스트 펭귄 어워드'를 만들었습니다. 위험한 바다에 맨 먼저 뛰어든 퍼스트 펭귄처럼 목표를 위해 위험을 무릅쓴 누군가에게 주어지는 이 상은 위험을 감수하는 모험에 대한 축하이자 보상인 것이지요.

'퍼스트 펭귄'이 주는 메시지는 우리가 위험이나 문제에 직면했을 때 문제해결 방법 또는 모형을 보여주는 것이라고 할 수 있습니다. 우리는 자신의 능력을 키울 수 있는 어떤 위험을 감수하고 있는지, 전에 자신이 경험하지 못한 미지의 세계로 들어갈 노력은 하고 있는지, 자신이 할 수 있는 모든 것을 쏟아 최선을 다하고 있는지, 자신이 원하는 인생을 사는 데 발목을 잡는 무언가를 하고 있는 것은 아닌지, 모험을 했을 때 어떤 보상이 주어지는지를 스스로에게 묻고 답해야 합니다. '퍼스트 펭귄'은 우리의 인생 좌표가 될 수도 있으니까요.

맹호처럼 강한 장군도
평범한 아버지였습니다

대한민국에선 유독 모성애가 강합니다. 육아를 전적으로 책임지고 있으니 더욱 그러할 테지요. 하지만 요즘 아빠들의 육아 휴직이 조금씩 증가하고 있다고 합니다. 출산율이 점점 낮아지는 것을 막기 위해 국가 차원에서도 지원을 하고 있지요.

한국전쟁에서 큰 영향력을 미친 맥아더 장군은 자신의 아이에게 바라는 글을 아주 진솔하게 써서 많은 사람들을 감동시켰습니다. 전쟁터에서 맹호처럼 용감하고 두려울 게 없는 장군이었지만 그도 어쩔 수 없는 평범한 아버지였던 것이지요. 그럼 그가 어떻게 자식들을 키우고 싶어 했는지 글을 살펴볼까요?

두려움 앞에서는 용기를
올곧음으로 인한 패배에서는 긍지를 지키며
승리하였을 때는 겸허하고 온유한 자로 키우게 하소서.

내 아이가 자신의 의견만을 고집하지 않게 하시고
평탄한 삶으로만 이끌지 마시고
고난과 역경의 삶으로도 인도하소서.
하여 거센 폭풍우에도 견딜 줄 알게 하소서.

맑은 마음 더 높은 목적으로 살며
남을 지배하려 들기 전에 자신을 지배하며
미래를 향해 발돋움하면서도
과거를 잊지 않는 사내로 키우게 하소서.

내 아이가 이 모든 것을 이루게 된 후에도
풍부한 유머를 지니고 진지하게 인생을 살게 하시되
지나침이 없게 하소서.

아이에게 겸손을 주시어
참 위대함은 단순함이요
참 지혜는 마음의 개방이요

참된 힘은 온유함임을 늘 기억하며 살게 하소서.

이렇게 된다면
먼 훗날 나는 그의 아버지로서
'헛되이 살지 않았노라'고
조용히 말씀드릴 수 있을 것입니다.

얼마나 애틋한 부정의 표현인가요. 이 글은 제 아들들에게도 전해주
고 싶은 메시지입니다. 제 아들들도 저런 모습으로 살기를 바라는 평범
한 아비의 마음인 것이지요. 하지만 저렇게 살기엔 너무 힘들 것 같습니
다. 저렇게 자라준다면 그저 더없이 기쁠 일이지만 지나친 욕심일 수도
있겠지요. 그저 전 제 아이들이 남을 해치지 않고 거짓말을 하지 않으며
자신의 일에 충실할 수 있기를 바랍니다.

자식을 가진 아버지로서 너무 작은 바람처럼 들릴 수도 있겠지만 이것
은 제 아이들을 사랑하지 않아서가 아니라 너무 많이 사랑하기 때문에
바라는 작은 마음입니다. 그저 몸과 마음이 건강하고 자신이 할 수 있는
분야에 전념할 수 있다면 그것으로 족하지요. 그 결과 행복해지면 좋겠
습니다. 행복해하는 아이들의 모습을 본다는 게 저의 행복일 수 있으니
까요. 아마도 이것이 세상의 모든 부모가 가진 마음 아닐까요? 그저 행
복해하는 자식들의 얼굴을 볼 수 있다는 것 말이에요.

아버지는
꽃보다 아름답다고 하지요

한때 인기리에 방송되었던 「꽃보다 남자」라는 드라마가 있었습니다. 그 후 '꽃보다'라는 수식어가 유행했지요. 잘생긴 남자가 아름다운 꽃보다 좋다는 의미는 잘 모르겠지만 아버지의 사랑에는 착 들어맞는 단어인 것 같습니다.

어릴 적 부모 없이 자란다는 것은 매우 슬픈 일일 겁니다. 부모는 우리의 든든한 방패막이고 큰 그늘이 되어 의지가 될 뿐만 아니라 좋은 본보기로 우리를 바른 길로 인도하는 인생의 조타수요 항해사라고 할 수 있지요. 그러나 불행하게도 우리 주변에 부모의 보살핌과 사랑을 받지 못하는 사람들이 적지 않습니다. 특히 아동기나 청소년기를 어쩔 수 없이 혼자서 자라야 하는 친구들을 보면 안타까운 마음이 큽니다.

어느 산골에 17살의 여고생이 있었습니다. 이 소녀의 아버지는 루게릭이라는 희귀한 불치병에 걸렸지요. 오랜 투병으로 온몸을 전혀 움직일 수 없을 정도로 병세가 악화되어 하루 종일 누워서 지냅니다. IMF 시절 대기발령을 받은 뒤 판정받은 루게릭병은 한 가족에게 모진 시련을 줬을 겁니다. 아버지의 오랜 투병으로 감내하기엔 너무나도 힘든 상황이라는 것을 불을 보듯 눈에 선합니다.

평범한 여고생이 그렇듯 이 소녀도 먹고 싶은 것도 많고, 갖고 싶은 것도 많고, 어디든 자유롭게 놀러 다니고 싶었을 것입니다. 하지만 소녀는 말합니다.

"좋은 휴대전화를 갖고 싶기도 하고, 디지털카메라가 탐나기도 해요. 하지만 그게 아빠랑 바꿀 만큼은 아니라고 생각해요"

17살의 소녀 신원미는 자신이 너무나도 행복하답니다. "아빠"라고 부를 수 있는 존재가 있는 것만으로 너무나도 행복하답니다. 전신이 마비되어 아버지로서 책임은 고사하고 짐만 되는 아버지일 수 있지만 자기 옆에 누워만 있어줘도 행복하답니다. 원미가 아버지를 보살피고 간호하면서 깨달은 것은 단 한 가지, '아빠는 사랑을 주고 또 받아야 할 대상이지 결코 돈만 벌어오는 기계가 아니다'였습니다. 기특하고 아름다운 생각이지요.

어느 가정이나 조직에서는 아버지와 같은 존재가 있습니다. 할아버지나 형이나 오빠와 같은 사람은 가정의 든든한 버팀목이 되어줍니다. 큰 나무일수록 큰 그늘을 만들어주겠지요. 저도 아흔이 넘은 아버지가 살아 계실 때는 그렇게 든든할 수가 없었습니다. 아버지가 계시지 않으니 그의 빈자리가 얼마나 큰지 그 그늘이 얼마나 큰 것이었는지 새삼 느끼게 되네요.

LIFE PROFILING 4

지금 세상은 이렇게 돌아가고 있습니다

눈앞에 보인 고지를 두고
그냥 내려가겠습니까?

진정한 성공은 성공하지 못하는 것에 대한
두려움을 극복하는 것이다.
True success is overcoming the fear of being unsuccessful.
|
폴 스위니(미국의 저술가)

특별한 이유가 없다면 누구나 돌을 지날 쯤부터는 두 발로 걸을 수 있습니다. 그래서 우리는 사람이 걸을 수 있다거나 걷는다는 것에 대해서 크게 의미를 두지 않습니다. 그러나 아이를 낳아서 키워본 사람이라면 아이가 걸음마를 뗄 때까지 수많은 시행착오를 겪는다는 것을 알 겁니다. 걷기 위해 먼저 일어설 줄 알아야 하는데 일어서기 위해 넘어지고 엎어지는 수많은 연습을 합니다.

엄청난 노력을 한 결과 서게 되었다고 바로 걸을 수 있는 것은 아닙니다. 수없이 주저앉고 넘어지고 무르팍도 많이 아팠겠지요. 아이가 주저앉고 넘어지고 아픔을 두려워했다면 걷지 못했을 겁니다. 우리의 삶도 바로 이와 같은 과정의 연속입니다. 두려움을 이겨내지 못하면 아무것도 할 수 없습니다.

중국의 예를 들어볼까요. 중국은 거대한 땅과 인구로 한국을 위압하고도 남을 텐데 유독 축구에선 맥을 추지 못합니다. 그것은 바로 한국 축구에 대한 두려움, 공한증 때문이라고 합니다. 이것을 다른 말로 하면 징크스나 천적이라는 말로 표현될 수 있겠지요. 천적은 말 그대로 타고난 적수라는 뜻으로 제대로 힘을 발휘하지 못하고 번번이 허물어지는 상대를 의미하지요. 이는 비단 나라와 나라, 팀과 팀 사이에만 있는 것은 아닙니다. 개인에게도 징크스나 천적은 존재하지요.

등산은 자신의 능력과 취향에 맞게 목표를 정하고 그에 맞춰 걸음을 조절하면 산 정상에 도달할 수 있습니다. 이렇게 간단하게 쓰고 나니 매우 쉬운 것 같아 보이지만 과정은 매우 어렵습니다. 산으로 가는 길은 대부분 오르막길이기 때문이지요. 전문산악인의 경우 험악한 빙벽이나 바위산을 올라야 할 때도 있습니다. 정상에 도달하기 위해서는 환경의 모든 장애를 극복해야만 합니다.

산악인들은 크룩스Crux라는 말을 자주 사용하는데 이것은 산 정상 가까이 와서 가장 오르기 힘든 곳을 말합니다. 많은 산악인들이 정상을 눈앞에 두고 이 크룩스 앞에서 발길을 돌리기도 한답니다. 그만큼 두려움이 들게 하는 힘든 고지라는 의미겠지요. 당신은 어떻게 하고 싶습니까?

눈앞에 고지를 두고 돌아서겠습니까? 아니면 두렵고 어려운 일이지만 있는 힘을 다해 크룩스를 넘어 정상에 오르겠습니까?

아직도 망설이고 계신 것은
아니겠지요?

혹시 기억하십니까? 초등학교 운동회. 운동회에서 꼭 빠지지 않았던 것이 아마 달리기일 겁니다. 작은 선물이라도 받고 싶은 마음에 다들 기를 쓰고 달렸지요. 단거리 달리기일 경우 빨리 달리는 것도 관건이지만 출발이 중요합니다. 총소리가 나자마자 재빨리 달려야 몇 초라도 단축시킬 수 있기에 모두 총소리에 귀를 기울였지요. 수영 경기도 마찬가지로 출발이 승부에 미치는 영향은 지대합니다.

그렇다면 우리 삶은 어떨까요? 출발이 빠르면 좀 더 목표지에 빨리 도착할 수 있을까요? 예외를 제외하면 아마도 그럴 겁니다. 그래서 논란의 여지는 있겠지만 조기교육의 필요성이 부각되었던 겁니다. 하지만 많은 사람들이 출발선에서 머뭇거리지요. 무릇 시작이 반이라고 하는데도 망설이다 골든타임을 놓칩니다.

왜 그럴까요? 망설임 때문입니다. 무엇을 망설이는 걸까요? 결과에 대한 막연한 두려움이겠지요. 실패에 대한 두려움 때문일 수도 있습니다.

월간지 「좋은 생각」에 '사람들이 시작을 망설이는 이유'에 대한 기사가 실린 적이 있습니다. 망설이는 진짜 이유는 '일을 자꾸 미루는 선천적인 게으름', '실패를 두려워하는 완벽주의', '결정적인 용기가 부족한 극소심' 그리고 '선택하지 못하는 갈팡질팡'이라고 밝혔어요.

'일을 자꾸 미루는 선천적인 게으름'의 원인으론 우리에겐 언제나 모래알같이 많은 날들이 있기에 지금 당장 하지 않아도 그 일을 할 수 있는 시간이 많다고 착각하기 때문일 겁니다. 시간은 유한한데 무한하다고 느끼기 때문에 지금 당장 하지 않아도 된다고 생각하는 것이지요.

'실패를 두려워하는 완벽주의'의 원인은 두려움입니다. 미켈란젤로는 도나텔로가 갈라진 틈과 흠이 너무 많다고 반품한 대리석을 이용해 다비드상을 조각했다고 합니다. 실패를 두려워하는 것은 항상 나쁜 것만은 아닙니다. 두렵기 때문에 남보다 더 많은 노력을 하고 준비할 수 있지요. 다만 실패를 지나치게 두려워하는 사람에겐 도전이 없고 도전하지 않는 사람에겐 미래는 없습니다.

'결정적인 용기가 부족한 극소심'의 원인은 용기 부족이겠지요. 누구나 새로운 일에 도전하고 새로운 일을 시작하기 위해서는 상당한 용기가 필요하지만 그런 모험을 즐기지 못하는 사람들이 있습니다. 미래에 대한 불안 때문이지요. 다만 불안하기에 모험에 도전하는 것도 큰 의미가 있을 것입니다. 쉬운 일을 쉽게 성취하는 것보다 실패할 수도 있는 어려운 일을 완수하는 것이 더 큰 성취감을 얻게 해줍니다. 물론 용기와 결단은 꼭 필요하지요. 대부분 위대한 승리는 용감한 사람의 몫이었지요.

'선택하지 못하는 갈팡질팡'의 원인은 선택 장애와 용기 부족이겠지요. 선택한다는 것은 매우 어렵습니다. 한 번 혹은 순간의 선택이 평생을 좌우한다고 하지요. 특히 인생 진로에 대해 선택할 때는 누구나 갈등을 겪고 망설이게 됩니다. 하지만 결정해야 할 적당한 시간에도 하지 못하고 갈팡질팡하면 기회를 놓칩니다.

우리가 선택하지 못하고 헤매는 사이 기회는 다른 사람에게 돌아가고 정작 그 자리에 있어야 할 사람은 닭 쫓던 개 지붕 쳐다보는 꼴이 되고 말지요. 저는 당신들이 의미 없는 망설임에 에너지를 낭비하지 않기를 바랍니다.

질 수밖에 없는 습관은 버리고,
이길 수 있는 습관만 지니세요

인생의 흐름 속에서
성격은 스스로 만들어지는 것이다.
Character develops itself in the stream of life.
|
요한 볼프강 폰 괴테(독일의 작가이자 철학자)

인간은 습관의 동물이라고 합니다. 누구나 자기만의 습관을 가지고 있다는 뜻일 테지요. 밥을 먹을 때도 누구는 숟가락과 젓가락을 동시에 잡는 사람이 있는가 하면, 누구는 양손을 사용하고 누구는 왼손이나 오른손만 사용하기도 합니다. 길을 걸을 때도, 차를 운전할 때도, 책을 읽을 때도, 심지어는 잠을 잘 때도 우리는 자신만의 독특한 방식을 가지고 있습니다.

심지어는 범죄자도 범죄를 저지를 때 자신만의 독특한 습관을 가지고 있습니다. 이 습관을 분석하고 분류해 피의자를 좁히고 추정하는 것이 프로파일링입니다. 급박하고 잔인한 범죄의 현장에서 자신만의 습관에서 벗어나지 못하고 그곳에 흔적을 남길 정도로 습관은 강한 힘을 가지고 있습니다. 그래서 선조들은 습관의 중요성을 가르치기 위해 금언들을 만들어냈지요.

'세 살 적 버릇 여든까지 간다', '제 버릇 개 못 준다' 등의 속담들이 바로 그것이지요. 습관을 나쁜 의미로 해석하면 '버릇'입니다. 술버릇, 말버릇, 손버릇 등 안 좋은 의미를 내포하지요. 습관이나 버릇은 중독성이 있기 때문에 흡연자들이 식사 후에 습관적으로 담배를 찾는 것과 같습니다. 우리 몸에 배게 되면 쉽게 버리거나 떨쳐버릴 수 없기 때문이지요.

습관의 노예가 되는 순간, 때론 무기력한 사람이 되고 맙니다. 이런 점에서 본다면 좋지 않은 습관은 반드시 고치도록 노력해야 합니다. 습관의 노예가 된다는 것은 때로는 자기 의지와 관계없이 자신도 모르게 무의식적으로 반복하기 때문에 나쁜 습관은 과감하게 떨쳐버려야 하고, 좋은 습관은 잘 유지해야 합니다.

그렇다면 우리가 가꾸어야 할 좋은 습관은 무엇일까요? 책을 읽는 습관, 선행하는 습관, 저축하는 습관, 청결을 유지하는 습관, 매일 일기를 쓰는 습관 등이 있습니다. 저는 이런 것들을 '이기는 습관'으로 분류합니다. 이 습관들은 치열한 사회생활에서 경쟁할 때 큰 도움이 됩니다. 브라이언 트레이시의 저서 『백만 불짜리 습관』에서 이런 글이 나옵니다.

'모든 성공과 실패의 95%는 습관이 결정한다. 좋은 습관은 어렵게 형성되지만 성공으로 이끌고, 나쁜 습관은 쉽게 형성되지만 실패로 이끈다.'

또한 워닝경영연구소의 전옥표 대표는 그의 책『이기는 습관』에서 조직의 힘은 조직과 그 구성원들의 몸에 밴 습관에서 비롯된다고 합니다. 즉, 자신의 성공을 위해 필요한 자기만의 법칙을 몸에 익히다 보면 성공을 맛볼 수 있고, 그 성공이 반복되면 이기는 것이 습관이 될 수 있다는 것이지요. 반대로 패배와 실패를 일삼는 사람은 패배와 실패가 당연한 것처럼 받아들입니다. 또는 운명처럼 받아들이는 패배의식, 즉 패배의 습관에 젖게 됩니다.

이것은 어쩌면 자신감과도 관계가 있을 수 있습니다. 누구나 한 번이라도 어떤 '경지'에 이른 사람, 즉 성공이나 승리를 맛본 사람은 다시 그 경지에 이르기가 그다지 어렵지 않지만 그런 경험이 없는 사람은 매우 힘든 일일 수 있겠지요. 운동 경기에서도 우승 경력이 있는 것과 없는 것은 큰 차이를 보입니다. 우승 경험이 있는 사람은 그 경기에 임하는 자세, 태도, 자신감이 전혀 다르기 때문에 우승 경험이 없는 사람보다 더 수월하게 경기를 치를 수 있지요.

산악도 마찬가지입니다. 한번 에베레스트 정상에 오른 사람은 다시 오를 수 있습니다. 그는 산 정상에 오르기 위해 어떤 어려움과 문제가 있는지 파악할 수 있으며 그것에 대처할 수 있는 방안까지 미리 준비하기 때문에 두 번째 등정은 더 쉬울 수 있습니다.

지금부터라도 '질 수밖에 없는 습관'은 과감히 버리고, '이길 수 있는 습관'만 잘 유지하세요. 제가 경험해본 바에 의하면 그것이 좀더 성공적인 삶을 이끄는 기술입니다.

느낌표에서 물음표가 있는
삶으로

당신은 일기를 씁니까? 일기를 쓰지 않는다면 중요한 일상사를 메모하는 습관을 가지고 있습니까? 『메모 습관의 힘』의 저자 신정철은 메모를 통해 느낌표만 있는 삶을 물음표가 있는 삶으로 변화시키는 방법을 제시했습니다.

풀어서 이야기하자면 느낌은 정보를 소비하는 사람이 가지는 감정인 반면에 물음은 정보를 제공하는 사람의 생각이라고 합니다. 이 점에서 메모는 우리를 정보의 소비자에서 생산자로 바꿀 수 있다는 것입니다.

어떤 책을 읽을 때 혹은 누군가에게 좋은 말을 들었을 때의 느낌을 마음속으로만 그린다면 그것은 느낌표에 해당하겠지요. 하지만 자신의 느낌을 메모하거나 그에 대한 의문을 적어나간다면 물음표에 해당합니다. 즉 또 하나의 문젯거리를 발견하거나 새로운 생각을 발견할 수 있는 것이지요. 그 안에서 콘텐츠는 생성되는 것입니다.

메모를 통해 이런저런 생각의 빈틈을 알 수 있고, 자신이 기록한 짧은 메모를 지식으로 변화시켜주기도 합니다. 무언가를 기록하고 그것을 남기는 것은 대단한 힘을 가지고 있습니다. 그것이 바로 역사가 될 테니까요.

미국 건국의 기초를 닦은 벤자민 프랭클린은 번개에 대처하기 위한 피뢰침, 다초점 렌즈, 소방차 등을 발명하고 미국 최초의 도서관도 만들고, 미국 헌법의 제정에도 기여했던 미국의 위인입니다. 가난한 대장장이의 아들로 태어난 그가 미국 역사상 가장 재능이 많고 훌륭한 지도자가 될 수 있었던 것은 바로 메모광이었기 때문입니다.

그는 매일매일 하루 일과를 반성하고 점검하면서 좋은 글이나 생각들을 기록했다고 합니다. 그의 자서전은 바로 이런 그의 메모 습관의 결실이라고 할 수 있지요.

미국의 사상가인 에머슨도 철저한 메모광으로서 '기록이 성공으로 가는 길의 방향키'라고 했다고 합니다. 사실 대부분의 창의적인 사람이나 성공한 사람들은 메모하는 습관이 몸에 배여 있다고 해도 과언이 아닙니다.

메모는 인간의 어쩔 수 없는 기억의 한계를 보완해주기도 합니다. 존 레논의 'Imagine'은 메모가 낳은 작품이라고 합니다. 뉴욕의 한 호텔에 머물다 비행기를 타게 된 레논에게 갑자기 떠오른 가사를 호텔에서 가져온 메모지에 옮겨 적었던 것이 바로 'Imagine'이었던 것이지요. 레논은 어려서부터 책에서 읽은 좋은 구절들을 메모했는데 이 습관이 수많은 감동적인 노래의 탄생을 가능케 했던 것이지요.

캐서린 콕이라는 사람은 역사적으로 천재라 불렸던 사람 300명을 대상으로 그들의 일상적인 습관을 조사한 결과 하나의 공통점을 찾아냈다고 합니다. 그것은 바로 메모하는 습관이었던 것이지요. 그들은 메모를 통해 자신의 지성을 높이고 잠재의식을 향상시키면서 열정적으로 자신이 좋아하는 일에 매진했습니다. 그러니 그런 모습에 사람들의 신뢰가 높아지는 것은 당연한 것이겠지요.

메모는 정보의 홍수 속에서 시간에 쫓기며 살아가는 현대인에게 기억의 휘발성을 보완해주는 중요한 도구가 될 수 있습니다. 정보를 기억에만 의존한다면 시간적 또는 공간적 그리고 질과 양적으로 모두 한계가 있지만 메모는 언제라도 꺼내 쓸 수 있는 지식정보의 창고가 될 수 있습니다.

메모는 지식정보 창고의 전달자일 뿐만 아니라 때로는 자신의 행동을 생각하고 정리할 수 있어서 미래의 행동을 준비하고 보완하는 데도 특효약이 될 수 있습니다. 메모는 정보의 소비자인 자신을 정보의 생산자이자 제공자로 탈바꿈시켜줄 수 있는 훌륭한 징검다리이니 최대한 활용해보는 것은 어떨까요?

욕망의 자유 아니면
욕망으로부터의 자유

돈이 성공을 만드는 것이 아니라
돈을 벌 수 있는 자유가 성공을 가능하게 한다.
Money won't create success, the freedom to make it will.
|
넬슨 만델라(남아프리카공화국 최초 흑인 대통령)

　　　　　　영국 런던의 가난한 노동자 집안에서 태어난 기독
교인이 있었습니다. 그는 케임브리지대학교에서 이론물리학을 전공했
지요. 그는 우연히 접한 불교에 관한 책을 읽고 태국으로 가서 그곳의 위
대한 영적 스승인 아잔 차의 제자가 되어 수행자가 되었습니다. 그의 이
름은 아잔 브라흐마입니다.

　그의 영적 스승인 아잔 차의 절에는 '세상에는 행복이 존재하지 않는
것을 깨달아라'는 글귀가 적혀 있었다고 합니다. 아마도 아잔 찬은 우리

가 만족하지 못하고 늘 부족해하면서 불행을 느끼는 어리석음을 경고하고 싶었을 겁니다. 우리는 온갖 갈망과 갈구에 이끌려 너무나 큰 행복을 바라지는 않는지, 그것을 이루지 못하기에 힘들어하고 불행해하는 것은 아닌지 되돌아봐야 할 것 같습니다.

아잔 브라흐마는 이렇게 설파합니다. 진정한 만족은 우리가 갈구하는 것을 소유하는 것이 아니라 무엇을 원하고자 하는 마음으로부터 벗어나야 한다고, 욕망할 수 있는 자유가 아니라 그 욕망으로부터 벗어날 수 있는 자유를 얻어야 한다고. 브라흐마는 아마도 욕망으로부터 자유로울 수 있는 것이 곧 행복이라는 것을 우리에게 알려주기 위해 승려가 된 것인지도 모르겠습니다.

아잔 찬의 절에 새겨져 있는 글귀 '세상에는 행복이 존재하지 않는 것을 깨달아라'라는 글귀처럼 부처가 깨달은 첫 번째 진리는 '행복의 부재'였고, 두 번째 진리는 '존재하지 않음을 깨닫는 것'이었던 것처럼 무언가를 원하는 마음을 내려놓는 것이 참 행복이지 않을까 합니다. 하지만 매우 어렵지요, 마음을 내려놓는다는 것은.

아잔 브라흐마는 『술 취한 코끼리 길들이기』에서 삶이 힘든 것은 우리가 원하는 것을 이루지 못했기 때문이 아니라 원하는 마음을 내려놓을 수 없기 때문이라고 했습니다. 코끼리를 간절히 갈구하면 언젠가는 가질 수 있겠지만 그것은 또 다른 고통의 시작일 뿐이지요. 왜냐하면 무언가를 가지면 다른 무언가가 더 좋아 보이기 때문에 다른 것을 또 갖고 싶다는 새로운 욕망이 생깁니다.

코끼리를 가지기 위해 열심히 돈을 모아야 하고, 열심히 돈을 모아 코끼리를 사면 코끼리에게 먹일 사료를 마련해야 하니, 그렇게 가지고 싶었던 코끼리하고는 단 한순간도 즐기지 못하니 코끼리를 가지면 행복해질 것이라고 믿었던 자신이 원망스러워지기도 할 것입니다. 결국 끊임없는 욕망의 굴레에서 벗어나지 못할뿐더러 오히려 욕망의 노예로 살게 되겠지요. 결국 생의 마지막이 되어서야 그 코끼리 때문에 자신이 한순간도 행복하지 않았음을 깨닫게 되는 것이 욕망의 자유를 추구하는 인생의 숙명인지도 모르겠습니다.

그렇다면 과연 우리는 어떤 자유를 추구해야 할까요? 아잔 브라흐마는 우리 인간이 추구하는 자유에는 '욕망의 자유Freedom of desire'와 '욕망으로부터의 자유Freedom from desire'가 있다고 합니다. 어쩌면 우리 인간이 힘들어하는 것은 바로 이 무언가를 갖고 싶어 하는 자유, 즉 '욕망의 자유' 때문은 아닌가 싶습니다.

원래 인간은 자유의지를 가진 존재기 때문에 선택은 스스로 해야 한다고 합니다. 무엇을 할지 안 할지, 무엇을 좋아할지 아니면 싫어할지, 누구를 만날지 아니면 만나지 않을지를 스스로 선택하면서 자유를 추구하지요.

그래서 인간은 대부분 합리적으로 고통보다는 쾌락을, 손실보다는 이익을 선택합니다. 그렇게 합리적인 존재인 우리가 어쩌다 지극히 비합리적인 욕망의 자유라는 틀에 스스로를 가두며 살고 있는지 궁금합니다.

과연 당신은 어떤 선택을 하고 어떤 자유를 갈구하고 싶은가요? 욕망의 자유 아니면 욕망으로부터의 자유. 선택은 당신의 몫입니다.

돈을 벌고 쓰는 것은
당신 선택이지만 가급적이면……

경제력, 즉 돈이 그 사람의 능력과 성공 여부를 평가하는 중요한 척도가 된 지 오래인 자본주의에서 돈을 어떻게 벌었느냐보다 얼마나 가지고 있느냐가 더 중시되는 사회가 되었습니다. 하지만 돈을 버는 것도 그 과정이나 수단과 방법이 분명하고 깨끗해야 한다는 것에는 이론의 여지가 없습니다. 세상에는 돈을 떳떳하고 정당하게 모은 사람도 많지만 그다지 떳떳하지 못하게 재산을 축적한 사람도 많지요. 당연히 재산의 축적은 그 수단과 과정 및 방법이 적절하고 합법적이고 정당해야 할 것입니다.

정당하고 떳떳하고 합법적인 수단과 방법 그리고 절차와 과정을 거쳐서 모은 재산이라도 그 재산을 어떻게 활용하느냐에 따라 그 재산의 가치는 엄청난 차이를 보이지요.

편안하게 돈을 벌려는 사람들로 인해 세상의 모든 투기장엔 사람들이 벌떼처럼 몰려듭니다. 물론 재테크의 일환으로 큰 화제를 모으기도 하지만 때론 그런 모습을 보면 씁쓸하기도 합니다. 매일매일 궂은일을 마다하지 않고 조금씩 돈을 모으는 사람들을 보면 없이 살아도 존경심이 절로 들지요.

아무리 정당한 수단과 방법으로 재산을 축적했다 하더라도 그 재산을 떳떳하게 또는 양심적으로 쓰지 못한다면 칭찬받을 일은 아닐 것입니다. 칭찬받지 못하는 것은 물론 세상의 비난을 피하지 못할 수도 있지요. 돈이란 벌기보다는 쓰는 것이 더 중요한 미덕이고, 제대로 써야만 가치가 높아집니다. 아무리 정당하게 번 돈이라도 비도덕적이고 비윤리적으로 또는 부끄러운 방법으로 부끄러운 곳에 쓰인다면 돈 쓰고 욕먹는 꼴이 되고 말 것입니다.

누구는 자신의 재산을 마약 혹은 뇌물로 쓰거나 도박으로 탕진하면서 쾌락에 허비할 수도 있지만 누구는 작은 돈이나마 봉사하고 헌신하는 데 사용합니다. 김밥장사를 통해 한 푼 두 푼 모은 전 재산을 대학에 기부하거나 폐지를 주워 모은 돈을 사회에 기부하는 분들도 있습니다. 아름다운 모습이지요.

재정관리전문가인 수잔 맥카시는 『돈을 잘 쓰는 방법 8가지』에서 사람들의 돈 쓰는 형태를 이렇게 분류했습니다.

세상의 모든 것을 돈으로 평가하는 '돈이 최고형', 경제적으로 책임을 지지 않으려는 '어린이형', 돈을 도구로 사람들을 통제하는 '교묘한 형', 돈이 바닥날까 봐 걱정하면서 사는 '겁쟁이형', 성급한 결정으로 자신을 파괴하는 '순교자형', 차분하고 자신감 있게 결정하는 '만사 오케이형' 그리고 자신과 다른 사람을 위해 현명하게 돈을 쓰는 '기쁨 전도사형'.

당신은 어떤 유형입니까?

돈의 가치는 결코 돈의 액수나 크기로 정해지지 않습니다. 물론 돈은 많을수록 좋을 수도 있겠지만 돈이 많다고 해서 반드시 행복한 것은 아니겠지요. 돈이란 금액의 크기가 아니라 어떻게 어디에 쓰이는지에 따라 그 가치가 정해지는 것이라 생각합니다.

아마 돈은 자신과 다른 사람을 위해 현명하게 쓰일 때 가치가 올라가는 것이겠지요. 저는 수잔 맥카시가 분류한 유형에서 '기쁨 전도사형'이 제일 좋은 것 같은데요. 당신은 개처럼 벌어 개처럼 쓰고 싶으세요? 개처럼 벌더라도 정승처럼 쓰고 싶으세요? 선택은 당신이 하는 겁니다.

좋게 보이지 않을 때도 있겠지요,
하지만 그건 당신 마음이 좋지 않기 때문입니다

가장 좋은 것을 보는 눈, 가장 나쁜 것을 용서하는 가슴,
나쁜 것을 잊게 하는 마음 그리고 결코 신뢰를 잃지 않는 정신을
갖게 해달라고 항상 기도하라.
Always pray to have eyes that see the best,
a heart that forgives the worst, a mind that forgets the bad,
and the soul that never lose the faith.
|
작자 미상

한국인 최초의 우주인이었지만 지금은 다른 길을 가고 있는 이소연 씨는 『기적을 이룬 나라 기쁨을 잃은 나라Korea: The Impossible Country』라는 책을 저술한 다니엘 튜더와의 인터뷰에서 이런 말을 했다고 합니다.

"한국인은 만족할 줄을 몰라요!"

물론 만족할 줄 모르는 마음은 한국인뿐만이 아닐 겁니다. 다른 민족도 그렇겠지요. 특히 가진 사람이 더 욕심을 부린다고 하지요. 그래서 불교에선 채움보단 비움을 더 중시했는지도 모릅니다. 비워야 그만큼 더 채울 수 있을 테니까요. 만약 비우지 않고 채우기만 한다면 과부하가 일어날 것입니다.

다만 욕심이 과하면 탐욕이지만 적당하면 열망이요 동기가 되기도 합니다. 누군가 만족하면 더 이상의 발전은 없다고 했습니다. 우리는 부족함에서 새로운 동력을 찾기도 합니다. 못다 이룬 꿈이 우리를 계속 달리게 하지요. 운동선수의 슬럼프는 더 이상 도전할 의미를 잃어버렸을 때 찾아온다고 합니다.

2002년 한일 월드컵 때 한국 팀 사령탑을 맡았던 히딩크 감독은 "난 아직도 배가 고프다"고 말했지요. 스티브 잡스도 스탠퍼드대학교 졸업식 축사에서 "항상 갈망하고 항상 우직하게Stay hungry, Stay foolish"라는 명언을 했지요.

우리는 배가 부르면 나태해지고, 가진 것이 많으면 굳이 힘들게 땀을 흘릴 필요가 없다고 생각합니다. 어쩌면 당연한 이치겠지만 인간은 그렇게 단순하지만은 않습니다. 매슬로의 욕구위계이론에서 가장 낮은 단계인 1차적 욕구가 생리적 욕구입니다. 생리적 욕구가 충족된다고 해도 만족감을 느끼지 못하는 게 인간이지요. 더 나은 자신을 만들기 위해, 자기실현의 욕구를 총족시키기 위해 노력합니다. 자기계발이나 희생과 봉사, 이타행과 같은 가치를 실현하려는 욕구가 크다면 쉽게 만족할 수는 더더욱 없겠지요.

하지만 우리는 1차적 욕구에 대해선 적정선에서 만족해야 행복해질 수 있습니다. 대부분의 물질적 요구는 상대적이지요. 굳이 비교하지 않아도 될 다른 사람과 자신을 견주면서 만족과 불만족을 느낄 필요는 없습니다. 남의 그릇이 더 커 보이는 것은 바로 이런 상대적 욕심에서 나오는 것이겠지요. 행복은 누군가가 주는 것이 아니라 스스로 만들고 느끼는 것이니, 굳이 남과 비교하면서 불행할 필요는 없지 않을까 합니다.

필립 길버트 해머튼은 『지적 즐거움』에서 '젊은 시절의 가능성을 과대평가하여 평생을 비참한 생각에 빠져 보내는 사람보다 기뻐 어쩔 줄 모르는 커다란 희망으로 가득하여 이성의 작용을 잊어버리고 사는 젊은 이 쪽이 아직은 현명하다'고 했습니다.

결국 행복이란 만족의 문제라기보단 어디에서 찾는가가 더 핵심인 것 같습니다. 우리가 지금 행복해지기 위해 현재의 삶에 만족하는 것도 중요하지만 때론 더 큰 행복을 위해 지금의 작은 만족을 조금은 유예할 수도 있어야 하지 않을까요? 그렇다고 미래를 위해 현재를 놓치는 바보는 되지 말아야 할 것 같습니다.

행복은
우리가 선택하는 겁니다

우연히 접하게 된 미국의 정신 교육 및 동기부여 교육 전문 웹사이트인 「영혼을 위한 닭고기 수프」에서 보내온 글이 참 제 마음에 들어 이 자리를 빌려 소개하려 합니다.

'행복은 당신의 선택이다. 만약 오늘 어떤 일이 일어난다고 하자. 당신은 그 일로 인해 행복하다고 느낄 것이다. 아니다. 당신은 행복해지기로 선택한 것이다. 오늘 다른 어떤 일이 일어난다고 하자. 당신은 그 일로 인해 슬프고 화가 날 것이다. 아니다. 당신은 슬프거나 화를 내기로 선택한 것이다. 오늘 많은 일들이 일어날 것이다. 당신은 그 일로 인해 행복할 것인가 아니면 슬퍼하거나 화를 낼 것인가? 모두 당신의 선택이다. 당신은 어떤 선택을 할 것인가?

Happiness is your choice. Something will happen today. You will be tempted to say that it made you happy. It won't. You will make you happy by taking pleasure in it. Something else will happen today. You will be tempted to say that it made you sad or angry. It won't. You will make you sad or angry by taking displeasure in it. Lots of something will happen today. Will you make you happy or sad? It is all up to your choice. Which one will you choose?'

행복이나 불행은 그것 자체가 아니라 우리 생각에 따라 달라집니다. 곧 행복과 불행은 우리 마음속에 있다는 것입니다. 어떤 일이든 그것을 즐겁게 생각하고 받아들이느냐 아니면 불쾌하게 생각하고 받아들이느냐에 따라 달라지는 것뿐이지요.

자본주의 사회에선 돈만 있다면 행복해질 수 있다고 여길 수도 있지만 그렇지 않다는 것은 여러 조사에 의해 우리는 잘 알고 있습니다. 하지만 알면서도 부자가 되고 싶은 게 우리의 모순이지요.

2018년 세계 행복 보고서가 발표되었는데 가장 행복지수가 높은 나라는 역시나 핀란드였습니다. 한국은 어떨까요? 57위입니다. 점수는 국내총생산GDP, 기대수명, 국민의 소득, 국가의 사회적 지원, 선택의 자유, 부패에 대한 인식, 사회의 너그러움 등 다양한 기준을 합산한 점수라고 합니다.

한때 행복지수가 높은 나라로 부탄이 주목받았습니다. 욕심 없이 순박한 삶을 사는 그들은 재산 다툼이나 도둑이 없다지요. 물론 일부다처제라 한국에선 받아들일 수 없는 문화가 있어 아쉽긴 합니다.

행복은 가진 것이 많고 적음에서 오는 것이 아닙니다. 우리가 어떻게 받아들이느냐에 따라 느끼는 감정인 것이지요. 우리가 자신이 가진 것에 대해 감사해하면서 즐거워한다면 우리는 행복해질 것입니다. 행복과 불행은 외형적 잣대가 아니라 마음의 잣대로 헤아려야 합니다.

행복하려면
자신의 단점도 사랑하세요

사람은 무엇으로 행복해질 수 있을까요? 돈? 권력? 아니면 건강? 사랑? 이 모두를 이뤄야만 행복해진다고요? 물론 이 모든 것을 다 가지면 좋을 겁니다. 많은 사람들이 맹목적으로 일하거나 사랑을 하는 이유가 그것이겠지요.

하지만 돈이 많다고, 권력이 높다고, 건강하다고, 사랑하는 연인이 있다고 모두가 다 행복해질 수 있을까요? 아닐 겁니다. 우리는 무언가를 하나 이루면 다른 것을 갖기 위해 아등바등하니까요.

쌀 99가마를 가진 주인이 겨우 한 가마밖에 없는 머슴에게 한 가마를 뺏어 100가마로 채운다는 이야기는 인간의 탐욕스러움을 잘 보여줍니다.

우리가 행복하다거나 그렇지 않다거나 하는 문제는 재물의 절대적인 양이 아니라 자신이 가진 것에 대한 생각에 달린 겁니다. 쉬운 예로 반 정도 남은 물컵의 물을 보고 누구는 반이나 남았다고 긍정적으로 생각하지만 다른 누구는 반밖에 남지 않았다고 부정적으로 여기는 것에서 누가 더 행복한 사람인지 가늠해볼 수 있을 겁니다.

마찬가지로 부자 나라에 속하는 미국인보다 빈국 중 하나인 부탄에 사는 국민이 더 행복지수가 높다면 가진 것의 많고 적음으로 행복과 불행을 논할 수는 없을 테지요.

미국의 한 인터넷 사이트에서 보내는 칼럼인 매일 행복지수Daily dose of happiness에서는 사람이 행복해지기 위해선 자신의 모든 것, 심지어 자신의 단점까지도 받아들이고 사랑할 수 있어야 한다고 강조합니다.

행복해지기 위해서, 당신은 당신의 모든 결점도 받아들여야 한다. 인생의 모든 희로애락도 받아들여야 한다. 당신의 결점들이 당신을 흥미롭게 만들고, 인생의 희로애락이 당신의 인생을 활기차게 만든다.

To be happy, you must accept all your imperfections, and accept your life with all its ups and downs. Imperfections make you interesting. Ups and downs make life exciting.

행복해지기 위해선 자신의 결점을 스스로 받아들이고 자신의 보잘 것 없는 것이라도 사랑해야 합니다. 우리는 자신의 단점을 숨기기에 바빠 왜곡시키거나 거짓으로 포장하고 미화하려는 역작용으로 자신의 장점을 부풀리기 일쑤입니다. 예부터 병은 알려야 치료할 수 있다고 했듯이 단점도 그대로 보이면서 조금씩 개선해나가면 더 행복해질 일이 가득할 겁니다.

지금 세상은 이렇게 돌아가고 있습니다

LIFE PROFILING

5

좀 오래 산 사람이
좀 짧게 산
사람에게
보내는 이야기들

The gentleman understands
righteousness,
the petty man understands
interest.

오래 산 사람의
구태의연한 말들로 치부하기엔

우리나라는 예의禮儀를 중시했습니다. 동방예의지국, 즉 동양의 예의를 중시하는 국가라고 불리기도 했지요. 예의를 지킨다는 것은 자신이 지켜야 할 도리를 다하는 것인데 그중에서도 가장 기본적인 도리가 아마도 자신의 위치를 지키는 것입니다. 즉 위아래의 질서를 지키며 사는 것이 곧 예의를 지키는 일의 시작이요 핵심인 것이지요.

물론 여기서 말하는 위와 아래는 우리가 흔히 세속적으로 말하는 사회적 지위나 명성, 권력 또는 학식의 높고 낮음보단 태어난 순서를 말하는 것입니다. 그래서 무언가를 가르치는 사람을 먼저 태어났다는 의미의 선생先生이라고 불리는 것이겠지요. 이와 같은 순서를 유교에서는 장유유서長幼有序라고 했습니다.

장長은 오래 살았다는 뜻으로 즉, 나이 든 사람이고, 유幼는 나이가 어린 사람을 뜻하는데 나이가 든 사람과 어린 사람 사이에는 순서가 있다는 것입니다. 어린 사람은 나이 든 사람을 존경하고 존중하며, 나이 든 사람은 나이 어린 사람을 보살피고 도우라는 것이지요. 이것은 오랫동안 우리 사회의 근본이며, 예의를 지킨다는 것은 이것에 충실하는 것을 말합니다.

물줄기가 위에서 아래로 흐르는 것이 진리이듯 먼저 태어난 사람이 나중에 태어난 사람에게 무언가를 알려주는 것이 마땅한 것 같습니다. 혹시라도 물이 역류한다면 위험이 도래했다는 의미겠지요. 거꾸로가 어떤 면에서 좋은 영향을 미칠 수도 있지만 모름지기 삶의 방향은 자연스럽게 흐르는 대로 흘러가야 인생이 무탈해집니다. 무언가가 역류된다는 것은 사회가 어지럽게 흘러간다는 의미도 내포되어 있을 겁니다. 그래서 맹자는 '예의가 없으면 천하가 문란해진다'라고 지적했지요.

특히 예禮는 서로 사양하는 마음이라고 합니다. 이 의미는 나보다 남을 앞자리에 두는 것을 뜻하지요. 남을 앞자리에 두는 마음을 공경恭敬이라고도 하지요. 남을 나보다 앞자리에 두는 마음이 사회의 근본이라고 한다면 우리는 윗사람, 즉 나이 든 사람을 공경할 줄 알아야 합니다.

하지만 요즘 사회는 이런 마음이 너무 없습니다. 조금이라도 지킬 마음이 있다면 나을 텐데, 예라는 것이 무엇인지 공경이라는 것이 무엇인지 알려고도 하지 않습니다. 특히 뉴스에 나온 사회문제를 접하다 보면 인간 사회의 최소한의 도리인 '장유유서'조차도 제대로 행해지고 있는지 의심스러울 때가 적지 않습니다. 70대 택시기사가 30대 승객이 던진 동전에 맞은 뒤 의식을 잃고 숨지는 사건을 보자니, 숨이 턱 막혀오기도 했습니다.

우리는 너무나도 당연한 도리를 제대로 지키며 살고 있는지 되돌아볼 필요가 있습니다. 극심한 경쟁사회의 치열한 삶 속에서 이기심이 극대화가 된다고 하지만 지극히 기본적인 것들도 지키지 않는다면 동물의 세계와 다를 게 뭐가 있는지 두렵기까지 합니다. 우리는 최소한의 도리인 예의를 지켜야 하지 않겠습니까? 아니면 오래 산 사람의 구태의연한 말로 치부해버리시겠습니까?

됨됨이를 들먹인다면
너무 고리타분한 생각일까요?

우리는 사회생활을 하면서, 아니 학교생활도 포함되겠지요. 어떻게든 평가를 당합니다. 내가 다른 사람이 평할 때도 있고, 다른 사람이 나를 평하기도 하지요. 우리가 사람을 평한다는 것은 그 사람의 '됨됨이'를 살펴보는 것이라고 할 수 있습니다.

동서고금을 막론하고 인류는 사람의 '됨됨이'를 논할 때 대체로 '된 사람'과 '든 사람' 그리고 '난 사람'으로 구분하곤 했습니다. 이들 중 우리가 필요로 하는 인재는 누구일까요? 얼핏 보면 '난 사람'이 제일인 것처럼 보입니다. '난 사람'은 자기 분야에서 빛을 낸 유명 인사들로 세인의 관심과 인기를 누리는 사람을 뜻합니다.

많은 사람들이 자신을 좋아한다는 것은 매우 영광스러운 일임에 틀림이 없습니다. 이들은 하나를 가르치면 열을 알 만큼 똑똑하지만 자신의 손해까지 감수하지 않는 이기적인 인간상이 되기 쉽습니다. 더불어 이들이 자신의 모습에 만족하고 있는지, 행복을 느끼는지도 모를 일입니다. 인기와 명예는 신기루와 같은 거니까요.

'든 사람'은 어떨까요? 이들은 남들보다 두드러지게 많이 배우고 학식이 풍부한 사람을 뜻합니다. 요즘 말로 '스펙'이 좋은 사람들인 것이지요. 자신의 학식을 여러 사람에게 펼쳐 출세하는 사람들로 자기 머릿속에 든 지식으로 세상을 호령하지요. 그러나 이들은 지나친 자만과 편견 그리고 고정관념에 빠지기 쉽고, 남과 조직보다는 자신을 우선해 사회와의 조화에 조금 서툰 모습을 보입니다.

그렇다면 '된 사람'은 어떨까요? 이들은 글자 그대로 사람의 '됨됨이'가 바른 사람을 뜻합니다. 가진 것도 많지 않고, 배운 것도 많지 않고, 잘난 것도 없지만 지혜로운 삶을 영위할 수 있는 사람들입니다. 자신보단 남을 먼저 생각하고 배려하는 이타적인 생활을 하며 세상의 기본 예의와 도리를 갖추고 있지요. 한마디로 '덕'이 있는 사람인 것입니다.

미국에서 여섯 자녀를 모두 하버드대학교와 예일대학교에 보낸 전혜

성 박사는 '덕승재德勝才'를 가르쳤다고 합니다. 즉, 덕이 재주를 이긴다는 뜻이지요. 아무리 재주가 넘쳐흘러도 덕이 없다면 그 재주를 세상에 바르게 사용할 수 없기 때문에 '든 사람'이나 '난 사람'보다 '된 사람'을 가르친 것이지요.

난 사람은 재주를, 든 사람은 지식을, 된 사람은 지혜를 가지고 있다고 하는데 당신은 어떤 사람이 되고 싶으십니까? 어느 어머니가 지극히 세속적으로 말한다면 '든 사람'이었으면 좋겠다는 농담을 한 적이 있는데 아마도 요즘은 많은 부모가 '난 사람'을 더 좋아하지 않나 싶습니다. 수많은 오디션 자리에 어린 친구들이 참가하거나 초등학생 유튜브 크리에이터가 증가하는 것을 보면 '난 사람'의 인기는 계속 증가할 것 같습니다. 요즘은 재才가 덕德을 누르고, 부富도 덕德을 앞서는 세상인데 '난 사람'이나 '든 사람'보다 '된 사람'이 되라고 가르치기가 쉽지는 않을 것입니다. 일찍이 노자는 "잘난 놈 떠받들어 사람들로 하여금 다투게 하지 말라"고 했습니다.

공자도 『논어』에서 인간적인 것들을 먼저 다하고 나서야 학문에 힘쓰라고 했다고 하니 덕이 재와 부보다 먼저인 사회를 꿈꾸는 것은 저만의 생각일까요? 하긴 요즘에는 명예와 부 그리고 권력을 다 가진 '쥔 사람'이 최고라고 합니다. 이해가 되는 듯하면서도 입안에 씁쓸함이 도는 것은 '된 사람'이 많았으면 하는 저의 바람 때문인지도 모르겠습니다.

처음대로 한몸으로 돌아가
서로 바뀌어 태어나면

사랑받고 사랑하는 감정은 우리들의 삶에 그 어떤 것도
가져다줄 수 없는 따뜻함과 풍요로움을 가져다준다.
The consciousness of loving and being loved brings
a warmth and richness to life that nothing else can bring.

|

오스카 와일드 (아일랜드의 소설가이자 시인)

      흔히들 자식은 부모에게 빚을 받으러 온 빚쟁이라
고도 합니다. 이 말은 부모가 자식에게 베풀어야 할 빚을 지고 있다는 뜻
일 수도 있지요. 그래서 부모는 아무런 조건 없이 사랑을 베풉니다. 그래
서 부모의 사랑을 내리사랑이라고 하는지도 모르겠습니다. 부모가 된다
는 것은 매우 숭고한 의무기 때문에 어떤 어려운 일이 있더라도 그것을
짊어져야 합니다. 그렇다고 해서 우리는 부모의 사랑을 당연한 것으로
여겨서는 안 됩니다. 은혜를 알지 못하거나 잊어버려서도 안 됩니다.

불교 경전 중 『부모은중경』이 있습니다. 부모의 은혜가 한량없이 크고 깊음을 설하여 그 은혜에 보답할 것을 가르친 경전으로 부처도 부모의 은혜를 강조하셨던 모양입니다. 그 경전 중에 '한량없는 부모님 은혜'라는 내용이 있습니다.

> 사람은 태어나면서부터 부모의 가슴을 잠자리로 삼고,
> 부모의 무릎을 놀이터로 하고,
> 부모의 젖을 음식으로 하며,
> 부모의 정을 생명으로 삼는다.
> 그러므로 부모를 업고서
> 태산을 백 번 천 번을 돌아 뼈가 닳는다 해도
> 부모의 깊은 은혜는 다 갚을 수 없느니라.

부처는 부모의 은혜에 감사할 줄 아는 자식이 되는 것도 불도에 이르는 한 방편으로 생각하셨나 봅니다. 특히 어머니의 사랑은 특별하지요. 여기 자식에 대한 어머니의 사랑과 그 사랑에 제대로 감사할 줄 모르는 자식을 그린 시 한편이 있습니다. 김초혜 시인이 쓴 '어머니'입니다.

> 한몸이었다 서로 갈려 다른 몸 되었는데
> 주고 아프게 받고 모자라게 너 뉘일 줄 어이 알았으리.
> 쓴 것만 알아 쓴 줄 모르는 어머니

단 것만 익혀 단 줄 모르는 자식
처음대로 한몸으로 돌아가 서로 바뀌어 태어나면 어떠하리.

'처음대로 한몸으로 돌아가 서로 바뀌어 태어나면 어떠하리'라는 글 귀가 참 와 닿습니다. 오죽하면 시인은 서로 입장을 바꿔보자고 제안을 했을까요? 부모 마음을 알려면 자식을 낳아봐야 한다고 하지요. 자식을 키우면서 느껴야 하는 모든 오감은 말로 표현할 수가 없기에 직접 체험 해보는 게 가장 좋습니다.

하지만 직접 체험해도 내 일이 아니기에, 내 마음이 아니기에 부모의 진정한 마음을 알 수는 없습니다. 옆구리 찔러 절 받는 식으로 대접을 받 을 뿐입니다. 요즘 부모와 자식 간의 관계가 점점 엷어지는 것 같아 안타 깝습니다.

2017년 '용인 일가족 살해사건'의 범인은 첫째 아들 김씨였습니다. 아내와 두 딸을 두고 있는 가장 김씨는 어머니의 금전적 지원이 끊기자 어머니와 이복동생, 의붓아버지를 살해했습니다. 김씨의 아버지는 김씨 가 태어나기 전에 사고로 숨졌기 때문에 김씨는 외할머니에게 키워졌는 데 이때 어머니에 대한 미움이 커졌다곤 하지만 살해 동기는 돈이었습 니다. 아내와 처가에 대기업 한국 지부장인 것처럼 거짓 행세를 해오다 어머니의 금전적 지원이 끊기자 살해한 것이지요.

어릴 적 상처가 있다고 해도 자식을 둔 가장이 부모를 살해하는 것은 꽤나 충격적입니다. 김씨는 재판을 받으면서도 반성의 기미가 없이 어머니 탓을 해 재판부는 "사람이라면 해서는 안 되는 행동을 했다"며 무기징역을 선고했습니다.

그가 처음으로 돌아가 서로 바꿔어 태어나면 어머니의 마음을 알게 될까요? 혹시라도 지금 부모의 사랑이 너무 당연하다고 여기고 있다면 그것이 당연한 것이 아님을, 매우 사랑받고 있음을, 너무나 소중한 것임을 다시 한 번 생각해보시지 않겠습니까?

못과 가시가 솟은 계단을
올라가다 보면

어떤 길은 고운 흙이 깔려 있고, 어떤 길은 울퉁불퉁한 돌부리가 곳곳에 솟아 있습니다. 어떤 길은 길가에 꽃들이 나란히 피어 있고, 어떤 길은 꽃 하나 피어 있지 않고 깊은 웅덩이가 있습니다. 당신은 고운 흙만 깔려 있고, 꽃이 나란히 피어 있는 길을 걷기를 원하시겠지요. 저도 그렇습니다. 이왕이면 걷기 좋은 길을 선택하고 싶습니다. 하지만 그것은 우리의 욕심입니다.

제가 앞에서 언급한 길은 하나입니다. 한 길을 어떨 때는 고운 흙을 밟기도 하고 그러다 갑자기 돌부리에 넘어질 수도 있습니다. 무릎이 깨져 아파하면서 계속 걷다 보니 꽃이 피어 있습니다. 그 꽃에 취해 걷다 보니 어느새 웅덩이에 빠져 있습니다.

우리는 이런 인생을 살고 있습니다. 때론 돌부리 길도 있을 것이고 때론 젖은 길도 있을 것이며, 때론 산길도 있을 겁니다. 우리가 매일 즐겁고 행복함을 느낀다면 어느새 그 감정도 지겨움의 대상이 될 수 있습니다. 가끔은 슬퍼하고 가끔은 화를 내고 가끔은 즐겁고 가끔은 행복해야지요. 그래야 삶에 재미가 있습니다. 이런 인생의 길을 랭스톤 휴스는 '조언'이라는 시를 통해 아들에게 들려주었지요.

아들아, 난 너에게 말하고 싶다.
인생은 내게 수정으로 된 계단이 아니었다는 것을.
계단에는 못도 떨어져 있었고
가시도 있었다.
그리고 판자에는 구멍이 났지.
바닥에는 양탄자도 깔려 있지 않았다.
맨 바닥이었어.

그러나 난 지금까지
멈추지 않고 계단을 올라왔다.
모퉁이도 돌고
때로는 전깃불도 없는 캄캄한 곳까지 올라갔지.

그러나 아들아, 너도 돌아서지 마라.
계단 위에 주저앉지 마라.
왜냐하면 넌 지금 약간 힘든 것일 뿐이니까.

너도 곧 그걸 알게 될 테니까.

지금 주저앉으면 안 된다.

왜냐하면 애야, 나도 아직

그 계단을 올라가고 있으니까.

난 아직도 오르고 있다.

그리고 인생은 내게 수정으로 된 계단은 아니었지.

이 시를 저의 아들들에게 들려주고 싶습니다. 이 시를 저의 제자들에게 들려주고 싶습니다. 이 시를 이 시대를 살고 있는 젊은 친구들에게 들려주고 싶습니다. 인생은 결코 평탄하지만은 않습니다. 그렇다고 인생이 가시밭길만도 아닙니다. 우리가 지금 가시밭길을 걷더라도 결코 포기하지 말아야 하는 이유는 다음 길이 빨간 벨벳이 깔린 길일 수도 있기 때문이지요. 반대로 지금 빨간 벨벳이 깔린 길을 걸을지라도 그것이 끝이 아닐 수 있음을 잊어서는 안 됩니다. 그 길 뒤에 가시밭길이 도사리고 있을지도 모릅니다.

이를 빗대어 우리는 산이 높아야 계곡이 깊다고 했습니다. 산을 높이 오를수록 내리막길도 그만큼 길어지기 마련이지요. 그래서 우리는 지금 힘들어도 여기서 멈추지 않고 다음 걸음을 재촉해야 합니다.

그러나 명심할 것은 랭스톤 휴스가 자신의 아들에게 보낸 시구처럼 인생은 결코 수정으로 된 계단은 아니라는 것을 잊어서는 안 될 것입니다. 어떻게 보면 인생이라는 길은 도전해볼 만한 충분한 가치가 있지 않습니까? 쉽다면 굳이 도전해볼 필요가 없을 테니까요.

누군가 인생을 기차여행으로 표현한 적이 있습니다. 인생은 승차권 하나 손에 쥐고 떠나는 기차여행과 같다는 것이지요. 그러나 문제는 인생이라는 기차는 한 번 승차하면 절대 중도에 하차할 수 없다는 것입니다. 그리고 인생이라는 기차여행의 또 다른 특징은 시간을 되돌릴 수 없이 앞으로만 간다는 것입니다. 절대로 뒤로 돌아갈 수 없지요.

기차는 아름다운 꽃과 바다가 펼쳐지는 아름다운 풍경이 있는 철길도 지나지만 때론 캄캄한 터널을 지나야 합니다. 지금 아무것도 보이지 않는 어두운 터널이라고 해도 목적지에 도착하기도 전에 승차권을 버리고 중도 하차해서는 안 됩니다.

그 터널을 지나면 반드시 아름다운 밝은 햇살이 기다리기 때문이지요. 터널이 어두워 무섭다고 중도에서 하차한다면 결코 우리는 금방 다가올 아름다운 풍경도, 밝은 태양도 볼 수 없습니다.

좀 오래 산 사람이 좀 짧게 산 사람에게 보내는 이야기들

자신의 고통을 받아들일 때
용기는 생기지요

성공이 마지막도 아니며 실패가 숙명도 아니다.
중요한 것은 계속할 수 있는 용기이다.
Success is not final, failure is not fatal,
it is the courage to continue that counts.
|
원스턴 처칠(영국 총리를 지낸 정치인)

예부터 용기 있는 사람이 사랑을 쟁취한다고 합니다. 무언가 성취하는 사람도 용기를 가진 사람이라고 하지요. 그래서 동서양을 막론하고 용기를 가져야 한다는 금언들이 많습니다. 용기는 우리가 꼭 가져야 할 중요한 가치이자 덕목입니다.

수많은 편견 어린 시선을 물리치고 장애를 안고 당당하게 살아가는 사람들, 도저히 오를 수 없을 것 같은 산 정상에 오른 사람들, 불의를 참지 못하고 내부의 불합리성을 고발한 내부고발자, 자신의 잘못을 인정하는 사람들 등 우리 주변에는 무수히 많은 용기 있는 사람들이 있습니다. 이러한 용기는 누구나 가질 수 있는 평범한 것은 아닙니다. 그래서 우리는 이들을 칭송하는 것일 테지요.

한 의사가 있습니다. 그의 이름은 이승복이고 존스홉킨스의과대학 재활의학과 수석전문의라는 직함을 가졌지요. 한국에서 태어나 8살이 되던 해 미국으로 이민을 간 이민 1.5세대입니다. 미국이라는 새로운 미지의 세계에서 자기의 존재를 인정받고자 기계체조를 했습니다. 그 결과 고등학교 때 국가대표 상비군에 뽑힐 정도로 우수한 기계체조 선수가 되었습니다. 그것만으로도 미국에서 자신의 존재를 충분히 인정받을 수 있었지요. 아마도 그가 기계체조를 선택한 것은 체구가 작은 동양인으로서 어쩔 수 없는 선택이었을지 모릅니다.

그러나 그 영광도 잠시, 어느 날 그는 공중회전을 연습하다가 실수해 땅에 떨어졌고 그것으로 전신마비라는 장애를 가지게 되었습니다. 몸을 움직일 수 없다니 절망에 빠졌겠지요. 자신을 포기하고 싶어졌겠지요. 하지만 그는 달랐습니다. 전신마비라는 장애에도 불구하고 그는 인생을 포기하지 않고 오히려 더 굳은 의지로 자신의 인생에 도전하기로 결심합니다. 뉴욕대학교를 졸업하고 이어 명문 아이비리그의 콜롬비아대학교 의과대학, 다트머스대학교 의과대학 그리고 하버드대학교 의과대학까지 나와 지금의 자리, 존스홉킨스의대 수석전문의 자리에 올랐습니다.

현재 그는 자신처럼 장애를 가졌거나 어려운 처지에 처한 사람이나 절망에 빠진 사람들은 물론 젊은 사람들에게 몸소 용기와 희망을 주고 있습니다. 그는 이렇게 말합니다.

> "고통은 삶의 한 부분이며, 누구에게나 고통은 찾아온다. 이처럼 누구에게나 고통은 찾아오고, 그래서 고통은 삶의 한 부분이라는 것을 받아들이면 인내심이 길러지고, 인내심이 길러지면 인성이 갖추어진다. 그 다음은 믿음, 지금의 고통이 영원하지 않으리라는 믿음……"

삶의 고통은 누구에게나 찾아옵니다. 다만 누구는 그 고통을 극복하고 이겨내지만 누구는 그 고통의 질곡에 빠져서 헤어 나오지 못하고 결국 고통에 항복하고 맙니다. 이승복 씨처럼 자신의 고통을 피할 수 없는 삶의 한 부분으로 인정하고 그것을 피하기보다 정면승부를 걸고 이기려고 노력하는 사람은 인생의 승리자가 될 수 있지만 그렇지 못한다면 좋지 않은 상황을 맞이해 패배의 느낌을 곱씹으며 살게 될 겁니다. 이 두 부류의 삶을 가르는 것은 다름 아닌 용기이지 않을까요? 지금 자신의 고통을 정면으로 돌파하려는 용기가 있습니까? 아니면 용기를 낼 수 있는 용기조차 가질 수 없어 굴속으로 들어가 있습니까?

**죽기를 각오하고 싸우면
이긴다지요**

용기는 죽기를 각오하고 싸울 수 있는 힘을 주기도 합니다. '필사즉생 필생즉사必死卽生, 必生卽死'라는 말이 있습니다. 중국 병서에도 나온다고 하지만 우리가 존경하는 위인 중 한 사람인 충무공 이순신 장군이 명량 해전을 앞두고 부하들에게 외친 소리로 유명하지요. 왜군에 대한 공포감과 사기 저하 등 패전의 후유증에 시달리는 병사들에게 당부한 결의에 찬 진군의 채찍이었습니다. 이 말은 우리에게 용기를 불러일으킵니다. 할 수 있다고 말이지요.

이순신이 부하에게 전하고 싶은 메시지는 당연히 '죽기를 각오하고 싸우면 반드시 전쟁에 이겨서 살 수 있지만, 반대로 살고자 꾀한다면 죽게 된다'는 것이었습니다. 패색이 짙은 불리한 전세와 전황 속에서도 죽기를 각오하고 전쟁에 임한다면 이길 수 있지만 패색이 두려워 살길만 찾는다면 오히려 죽고 말 것이라는 것을 강조하고 싶었던 겁니다.

이러한 자세는 비단 전쟁터에서만 적용되는 것은 아닙니다. 우리가 흔히 겪는 일상생활에도 이런 자세로 일을 하면 큰 성취를 얻을 수 있을 겁니다. 어떤 일을 할 때 죽을 각오로 덤비면 이루지 못할 것이 없지만 꾀를 부리며 당장의 편안함만 추구한다면 또는 열정적으로 일에 집중하지 않고 설렁설렁한다면 이룰 수 있는 것이란 하나도 없을 겁니다.

앞에서 성공한 사람과 평범한 사람의 뇌 기능을 측정한 결과 성공한 사람들은 그 일을 수행하는 데 꼭 필요한 기능만 집중적으로 사용하는 반면, 평범한 사람들은 여러 가지 기능을 동시에 사용했다고 말한 바 있습니다.

『성경』에도 이순신의 '필생즉사, 필사즉생'과 유사한 장면이 나옵니다. 마태복음에 따르면 예수께서 제자들에게 "누구든지 자기 목숨을 구하고자 하는 사람은 잃을 것이요, 누구든지 나 때문에 자기 목숨을 잃는 사람은 찾을 것이다"라고 말씀하셨지요. 또한 예수께서는 "사람이 온 세상을 얻고도 제 목숨을 잃으면 무슨 이득이 있겠느냐? 또 사람이 제 목숨을 되찾는 대가로 무엇을 내놓겠느냐?"라고 하셨습니다.

사냥개와 산토끼의 추격전 이야기에도 유사한 메시지가 있습니다. 옛 날 어느 마을에 사냥개가 살고 있었는데 어느 날 사냥을 나갔다가 토끼 를 발견했어요. 사냥개가 그 토끼를 잡기 위해 달려가자 토끼는 잡히지 않으려고 혼신의 힘을 다해 도망갔습니다. 오랜 시간 쫓고 쫓기는 숨막 히는 추격전을 벌였지만 사냥개는 토끼를 놓치고 맙니다.

그 광경을 옆에서 지켜보던 양치기가 사냥개에게 "토끼도 못 잡는 바 보"라고 놀렸지요. 그러자 사냥개가 "모르는 소리 하지 말게. 나는 그저 저녁거리를 찾아 달렸을 뿐이지만 토끼는 살기 위해서 필사적으로 달렸 으니 토끼가 이길 수밖에"라고 대답했답니다.

단순히 저녁 한 끼를 때울 양식을 장만하려고 토끼를 쫓는 사냥개와 죽지 않고 살기 위해 뛰는 토끼의 마음자세는 완전히 다를 겁니다. 아마 도 사냥개는 대충 달렸을 테고 달리다 지치면 그만두고 다른 사냥감을 찾으면 되지만 토끼는 그럴 선택지가 없으니 오로지 죽을 각오로 달릴 수밖에 없었을 겁니다. 사냥개의 말처럼 결과는 명백해지지 않습니까?

죽음에 임박했을 때 살겠다는 용기가 생긴다고 하지요? 더불어 용기 는 우리 마음속에서 저절로 우러나올 때 진실한 힘을 발휘합니다. 억지 로 하는 일과 자신의 열과 성을 다하는 일은 결과에서 큰 차이가 납니다.

그래서 저는 꾸준하게 젊은 친구들에게 말합니다. 자신이 좋아하고 잘할 수 있는 일을 빨리 찾으라고요. 토끼처럼 자신의 열정을 다해 혼신의 힘을 다하는 사람이 그냥 저녁거리를 구하기 위해 달렸던 사냥개와 같은 사람을 이기는 것은 당연지사겠지요. 토끼가 될 것인지 사냥개가 될 것인지 선택은 우리의 몫입니다. 그리고 그것을 선택하는 순간 당신의 용기 있는 행보는 지속될 겁니다.

소나기가 내리면
장미가 피어난다지요?

고마움을 표하는 가장 좋은 방법은 말로 표현하는 것이 아니라
고마워하는 마음으로 살아가는 것임을 잊지 말아야 한다.
As we express our gratitude,
we must never forget that the highest appreciation is
not utter words, but to live by them.
|
존 F. 케네디(미국의 35번째 대통령)

인생은 항상 즐겁고 기쁘고 행복하고 좋은 날로만
채워지는 것은 아닙니다. 조물주는 자연현상도 봄, 여름, 가을 그리고 겨
울이라는 변화를 만들었고, 밝은 대낮이 있으면 어두운 밤도 있음을 알
라고 제안했지요. 추운 겨울이지만 매일 춥지만은 않은 것이 삼한사온
이라는 변화를 주었기 때문일 겁니다.

인생의 변화무쌍함을 잘 노래한 시가 있습니다. 샬럿 브론테의 '인생
Life'인데 장영희 교수가 번역한 것입니다.

인생은 정말이지 현자들 말처럼
그렇게 어두운 꿈은 아니랍니다.
가끔 아침에 조금 내리는 비는
화창한 날을 예고하지요.
때로는 우울한 먹구름이 끼지만
머지않아 지나가버립니다.
소나기가 내려서 장미를 피운다면
아, 소나기가 내리는 걸 왜 슬퍼하죠?

Life, believe, is not a dream,

So dark as sages say;

Often a little morning rain

foretells a pleasant day.

Sometimes there are clouds of gloom,

But these are transient all;

If the shower will make the roses bloom,

Oh, why lament its fall?

　이 시는 소나기를 맞아 장미가 피어난다면 소나기가 내린다고 해서 슬퍼할 필요가 없다고 말합니다. 오히려 기다려야 한다고 하지요. 비 온 뒤에 땅이 더 단단해진다고 합니다. 약간의 시련을 견딘 사람이 더 강해지는 법이지요.

누구라도, 아무리 돈이 많다 하더라도, 권력이 높다 하더라도 삶이 힘겨울 때가 있기 마련입니다. 그럴 때는 밖에 한번 나가보세요. 재래시장이면 더욱 좋겠지요. 밤이 낮인 듯한 겨울에도 언 손을 호호 불며 물건 하나라도 더 팔겠다고 소리치며 치열하게 살아가는 상인들을 보면 왠지 분발하고 싶어집니다. 혹은 여름 무더위 속에서 튀김 하나 더 팔겠다고 땀을 뚝뚝 떨어뜨리며 불 앞에 서 있는 아주머니를 보면 숭고한 마음까지 듭니다.

　많이 가졌음에도 한없이 자신이 초라하고 작게만 느껴질 때가 있는데 이때는 가까운 산에 올라가보면 어떨까요? 산 정상에서 내려다보는 세상은 온통 내 것인 것처럼 보입니다. 나만이 작고 초라한 존재가 아니라는 것을, 높은 빌딩도 내 손으로 가릴 수 있음을, 느낄 수 있을 겁니다. 더군다나 산 정상에서 느끼는 정복감은 세상 어느 누구도 부럽지 않는 느낌으로 다가오지요. 아무리 높은 건물이라도, 아무리 잘난 사람이도 지금 그 순간만큼은 당신 발밑에 있습니다.

　죽고 싶은 마음이 점점 커진다면 병원에 가보면 어떨까요? 조금 큰 병원이면 더 좋습니다. 내가 버리려고 했던 그 목숨이 누군가에겐 고통을 삼키며 좀더 연장하려고 지키려는 것이라는 것을 알게 될 겁니다. 흔히들 세상이 힘들다고 해도 죽은 사람만 불쌍하지 산 사람은 어떻게든 살아갈 수 있다고 합니다. 그것으로도 위로가 안 된다면 조금 무섭지만 공동묘지에 한번 가보세요. 아무 말도 할 수 없는 무덤의 주인들을 보면 지금 살아 있음에 고마움을 느낄 겁니다.

모든 일에 고마워하라고 하면
너무 시대에 뒤떨어지는 생각일까요?

무슨 일을 하든 고마운 마음을 갖고 사는 것은 굉장히 어렵습니다. 특히나 어려움을 겪으면 세상에 대한 고마움보다는 원망이 가득하지요. 한 소년가장은 맨날 공부하라고 잔소리만 하는 엄마라도 있었으면 좋겠다고 하고, 어느 실직자는 상사의 구박을 받을 수 있는 직장이 있었으면 좋겠다고 합니다.

우리는 곧잘 원망을 하고 투정을 부립니다. 일이 조금만 안 풀려도 누군가를 탓하고 싶지요. 조금 키가 작거나 인물이 좋지 않다고 해서 부모를 탓하고, 경제적으로 여유롭지 못하면 부모가 가진 것이 없다고 원망을 합니다. 직장에서 상사에게 혼났다고 혹은 다른 회사보다 월급이 적다고 회사를 그만두려고 합니다.

하지만 저는 그 원망이나 투정을 조금 줄여보면 어떨까 하는 제안을 하고 싶습니다. 물론 원망이나 투정의 뒷면에는 그 원인이 있겠지만 지금 처한 상황을 조금 더 긍정적인 시각으로 바라보면 마음가짐이 달라질 거라고 생각합니다. 매사를 부정적으로만 본다면 세상살이는 더 힘들어지게 마련입니다. 원망한다고, 투정부려본다고 상황이 달라지는 것은 아니지요. 오히려 자신의 처지를 더 힘들게 만들 뿐입니다.

이왕 힘들어졌다면 더 힘들어질 상황을 만들지 않았다는 것에 고마워하고 지금의 어려움을 받아들이고 그 안에서 빨리 빠져나올 수 있도록 대안을 찾아야 합니다. 이 모든 과정을 긍정적인 시각으로 바라보면 해결이 가능합니다.

　세상에는 두 가지 부류의 사람이 있다고 합니다. 같은 것을 보고도 한 사람은 긍정적으로 평가하는 반면 다른 한 사람은 부정적으로 보는 것이 지요. 우리는 어느 부류의 사람인지 아래의 글귀와 영문을 읽어보고 생각해봅시다.

　잔이 반이나 남았을까 아니면 반이나 비었을까?

　이 물음에 답할 수 있는 길은 너무나 많다.

　그러나 (머리 위의 지붕이나 저녁 먹을거리를 포함한) 많은 호사스러움을 가졌음에도 사람들이 많은 것에 대하여 불평하고 있다는 것을 아는가.

　그 컵이 반이나 찬 것인가?

　결코 아니다.

　그렇다면 그 컵이 반이나 빈 것인가?

　절대로 그것도 아니다.

　그 컵은 완전히 비었다.

　불평하는 것보다 당신의 컵에 더 빨리 구멍을 내는 것은 없다.

　당신의 컵은 넘치지만,

　만약 당신이 가지지 못한 것에 대하여 불평한다면,

그것은 컵에 구멍을 내는 것과 같다. 당신이 얼마나 많이 가졌더라도 당신은 그 어떤 것도 감사하지 않게 된다.

당신은 당신 머리 위의 지붕과 저녁식사에 감사하고 싶은가?
당신은 어떻게 해야 할지 알고 있다.

Is the glass half full or half empty?

There are just so many ways to answer this.

But, have you ever noticed how some people complain about quite a lot, even though they have lots of luxuries(including a roof over head) and a meal at night.

Is there cup half full?

Of course not.

Is there cup half empty?

Of course not.

There cup is completely empty.

Nothing drills a hole in your cup faster than complaining.

Your cup is probably overflowing, but if you complain about what you don't have, it's like drilling a hole in the cup - no matter how much you have, you don't get to appreciate any of it.

Do you want to appreciate that roof over your head and that meal at night? You know what to do.

우리는 비 맞지 않고 편히 잘 수 있는 공간이 있음에 고마워해야 합니다. 그것이 초라하던 초라하지 않던 상관없습니다. 매끼 굶지 않고 먹을 수 있음에 고마워해야 합니다. 상차림이 옹색하던 그렇지 않던 상관이 없습니다. 집이 초라하다고, 상차림이 옹색하다고 불평해봤자 달라질 것은 하나도 없습니다. 다만 자신의 상처만 더 깊어질 뿐이지요.

불행을 헤아리기보단 다행스러움을 더 헤아리다 보면 지금 처한 상황에서 고마움을 더 가질 수 있지 않을까요? 조금은 긍정적으로 상황을 되돌아본다면 당신의 상황은 점차 나아질 겁니다.

좀 오래 산 사람이 좀 짧게 산 사람에게 보내는 이야기들

누군가의 동반자가
되는 것에 대해서

전쟁터에 가기 전에 한 번 기도하라.
바다에 나갈 때는 두 번 기도하라.
그리고 결혼을 할 때는 세 번 기도하라.
Pray once before you go to war.
Pray twice when you go out to sea.
And pray three times when you get married.
|
러시아 속담

　　　　　결혼은 '인륜지대사人倫之大事'라고 하여 글자 그대
로 우리네가 살아가면서 하는 큰일이라고 했습니다. 우리는 두 번의 태
어남, 즉 두 가지 인연이 있다고 합니다.

　하나는 천륜天倫, 부모와의 인연이고, 두 번째는 인륜人倫, 사람과 사람
의 운명적인 만남이지요. 천륜은 하늘이 정해주는 것이라서 인간이 어찌
할 수 없는 것이지만 인륜은 운명이긴 하지만 우리가 선택하고 만들어
가는 것입니다. 운명적 만남의 인연이라면 당연히 배우자를 만나는 결혼

일 테지요.

사실 어떻게 보면 사람이 태어나고 때가 되면 평생의 배필을 만나 결혼하고 아이 낳고 사는 게 뭔 대수라고 '인륜지대사'라고까지 할까 의아할 수도 있습니다. 하지만 자신의 의지대로만 진행하기 어려운 일이 결혼입니다. 생활 방식도, 생각도, 관습이나 습관도 다른 두 사람이 하나를 이룬다는 것이 얼마나 어려운지 결혼을 염두에 두고 있거나 결혼한 사람들은 잘 공감할 것입니다.

전 결혼은 두 사람이 마주보는 것이 아니라 같은 곳을 향해 걸어가야 하는 것이라고 생각합니다. 서로 마주보고 가는 것이라면 응당 서로 충돌하기 마련이지만 같은 곳을 향해 걸어가는 것이라면 서로 손을 잡을 수가 있는 것이지요.

어느 지인의 결혼식에서 주례를 맡았던 목사님의 이야기가 재미있으면서도 울컥했던 적이 있습니다. 건강한 결혼생활을 위하여 꼭 필요한 가치를 우리 생체에 필수적인 비타민에 비유하여 설명했는데 한번 이야기해볼까요?

우리가 잘 알고 있는 비타민은 라틴어로서 생명을 뜻하는 비타Vita와 염기인amine의 합성어로서 생명체가 살아가는 데 없어서는 안 될 중요한 역할을 하는 분자입니다. 많은 양이 필요하지는 않지만 스스로 합성하지 못하기 때문에 음식을 통해서 섭취해야 하는 것이지요. 결혼생활도 생명체와 마찬가지로 여러 종류의 비타민을 섭취해야 한다고 합니다. 예를 들어 비타민A는 억셉트Accept로서 상대를 이해하고 받아들이라는 것이고, 비타민B는 빌리브Believe로서 상대를 믿어야 하고, 비타민C는 케어 Care로서 상대의 아픔까지도 치유하고 보살피라는 것이며, 비타민D는 디자이어Desire라고 하여 부부가 같은 꿈을 꾸며 희망을 가지라는 것이며, 비타민E는 이레이즈Erase라고 하여 좋지 않은 것은 지워버리고 잊으라는 것이지요.

결혼은 상대를 받아들이는 공식적인 절차요 과정이기에 상대를 받아들이지 않고서는 가능할 수 없겠지만 물리적 수용 그 이상으로 상대의 모든 것을 받아들여야 합니다.

아마도 서로 다른 인격체가 만난 것이기에 상대를 이해하고 받아들이는 것은 결혼의 전제가 되어야 할 것입니다. 부부 사이에서 가장 중요한 덕목은 신뢰와 믿음입니다. 서로가 믿지 못한다면 더 이상 부부일 필요가 없습니다. 그래서 부부를 '일심동체'라고도 하지 않나 싶습니다.

결혼은 또한 책임이라고 합니다. 상대의 아픔도 보듬고 배려하고 보살피는 것이 부부 사이의 사명이고 계약이지요. 마지막으로 어쩌면 부부 생활에서 가장 중요한 것이라고도 할 수 있는 좋지 않은 기억은 묻어두지 말고 지워서 잊어버려야 하는데, 그래야 미래지향적이기 때문입니다.

당신이 누군가를 선택하고 배우자를 삼고자 한다면 우선 먼저 당신이 이런 비타민과 같은 사람이 되어보는 것은 어떤가요? 그러면 그런 당신에게 배우자는 비타민과 같은 지지를 보내줄 겁니다.

누군가와 함께 산다는 것은 자신만의 고유한 힘을 잃기도 합니다. 유재석이 그랬다지요. 결혼한 후 자신은 하나를 잃고 다 얻었다고, 그 하나는 바로 자기 자신이라고. 그래서 어떤 이는 결혼으로 인해 스트레스를 많이 받는다고 합니다.

스트레스를 우리말로 표현하면 긴장이나 불안, 짜증이 될 수 있습니다. 스트레스라는 단어가 없던 시절에 살았던 사람들은 불안이나 짜증이라는 단어를 사용하며 힘들어했겠지요. 이 감정은 인간이 살아가는 데 피할 수 없는 것 중의 하나입니다. 의학적으로 스트레스는 적응하기 어려운 환경에 처할 때 느끼는 심리적 또는 신체적 긴장 상태를 말합니다. 그것이 과하면 신체적 질환을 일으키면서 불면증, 신경증, 우울증 등을 앓게 되기도 합니다.

스트레스로 인한 화火를 잘 해결하지 않으면 우리는 어찌할 바를 모르게 됩니다. 흔히 '화병火病'이라고 하지요. 세계적으로 희귀한 사회적 질환인 '화병'은 스트레스로 인한 일종의 분노증후군이라고 할 수 있는데 미국 정신의학회에 정식으로 소개되기도 했습니다. 그래서 공인된 의학용어가 됐습니다.

화병은 특히 한국인에게 심각한데 일부에선 '참는 것이 미덕'이라는 유교적 전통과 문화의 영향으로 자신의 감정을 잘 표출하지 않는 것이 원인일 수 있다고 지적합니다. 우울증이나 분노조절장애와 같은 현대

정신의학적 질병과는 달리 화병은 가슴이 답답해지거나 얼굴에 열이 오르거나 소화장애나 식욕부진은 물론이고 심한 경우 분노장애까지도 초래하는 신체적 증상이 나타난다고 합니다.

이런 연유로 옛사람들은 화를 참으면 독이 된다고 하지 않았나 싶습니다. 화를 참고 부정적인 감정을 계속 누르고 있다가 신체적 질환은 물론 더 큰 문제로 이어질 수 있기 때문에 매우 조심해야 합니다. 화를 참는 것이 독이 된다면 화를 어떻게 다스려야 할까요?

누구는 화를 참지 말고 표출하라고 하고 누구는 화를 표출하면 더 화가 나기 때문에 참지 말고 잊어버리라고 합니다. 두 가지의 방법이 다르기는 하지만 분명한 것은 화를 마음에 두어선 안 된다는 것이지요. 화를 참으면 안 된다는 충고는 일찍이 아리스토텔레스의 『시학』에서 카타르시스를 얻는 장면에서 나옵니다. 쌓인 분노와 감정을 배설해 정화하라고 권하는 것이지요.

카타르시스는 아리스토텔레스뿐 아니라 심리학자 프로이트까지 억압된 분노가 사람들의 공격성을 증폭시키기 때문에 부정적 감정들의 출구가 필요하다고 했지요. 불행하게도 현대로 오면 이 카타르시스이론이 맞지 않게 되었습니다. 분노와 화는 쓰레기처럼 휴지통이 차면 비울 수 있는 것이 아니기 때문이지요. 분노는 표출한다고 사라지지 않습니다.

화를 나게 한 사람에게 분노를 표출했으나 상대가 적대적으로 나와 큰 싸움으로 번지면서 그것으로 인해 더 화가 치밀기도 합니다. 스트레스를 풀기 위해 게임을 하는데 불안을 없애기는커녕 오히려 더 화를 치솟게 했다는 실험 결과도 나온 적이 있습니다. 분노는 또 다른 분노를 낳기도 하니 화를 잘못 표출하면 더 큰 문제로 번지기도 합니다.

『분노도 습관이다』의 저자 이충헌도 분노는 또 다른 분노를 낳고, 한번 분노한 사람은 또다시 분노하기가 쉽다고 했습니다. 틱 낫한 스님도 『화Anger』에서 '화는 모든 불행의 근원이다. 화를 안고 사는 것은 독을 품고 사는 것과 마찬가지다. ……화를 다스리면 우리는 미움, 시기, 절망과 같은 감정에서 자유로워진다'라고 했지요.

결국 화를 현명하게 다스려야 하는데 참 안타깝게도 묘안이 잘 떠오르지 않습니다. 다만 화를 표출하기보단 잊으라고 하고 싶습니다. 화가 났던 감정을 애써 잊다 보면, 화가 났던 감정에서 조금 벗어나다 보면 자신이 화를 냈다는 사실을 잊을 수 있지 않을까요?

친구는
내 인격의 거울입니다

우리가 살아가는 데 잘 가꿔야 하는 것은 건강일 겁니다. 건강한 몸은 삶을 좀더 활기차게 만들지요. 그리고 잘 가꿔야 하는 것 중에 '사람'이 있습니다. 사회적인 동물인 인간은 혼자서 살아갈 수 없습니다. 함께 살아가는 것이 단순한 삶의 조건이자 큰 자산이라고 할 수 있지요.

인적 네트워크는 여러 경로를 통해서 다양하게 구축될 수 있지만 우리가 가장 쉽고 보편적으로 구축할 수 있는 것은 친구 관계입니다. 친구는 대부분 학교에서 만들지요. 학교에는 여러 부류의 사람들이 있습니다. 다양한 부류의 사람들과 사귀는 것은 좋은 일이지만 모든 사람과 다 친해질 수 있는 것은 아닙니다. 특히 우정이라는 것은 사람과 사람이 많은 시간을 보낸다고 해서 싹트는 것이 아닙니다.

영어로 친구는 프렌드FRIEND인데 이 철자를 하나하나 해석하면 참 재밌습니다. F는 Fun을 의미하는 것으로 친구는 언제 어디서나 같이 있으면 즐거워야 한다는 뜻이지요. R은 Respect로서 친구란 서로 존중하는 존경의 대상이어야 합니다. I는 Interaction의 약자로서 친구는 서로 자주 만나고 이야기할 수 있는, 그래서 자주 상호작용을 해야지만 진정한 친구가 될 수 있습니다. E는 Event로서 친구는 만나서 뭔가 바람직한 일을 만들어야지 그냥 놀이에만 탐닉하거나 시간만 허비해서는 안 됩니다. N은 Need로서 친구는 서로에게 필요한 존재가 되어야 하고 도움을 주어야 합니다. 그리고 마지막으로 D는 Dependence로서 서로가 의지하는 존재가 되어야 합니다. 이런 조건을 갖춘 사이라면 진정한 친구라고 할 수 있지요.

프렌드를 풀이한 것처럼 친구란 만나면 즐겁고, 서로 존중하고, 자주 만나서 서로 접촉하고, 무언가 서로에게 도움이 되는 일을 하며, 서로에게 필요한 존재가 되고, 서로에게 의지할 수 있는 관계가 되어야 합니다. 이런 친구라면 적어도 우리의 인격에 손상이 가지 않는 진정한 친구가 될 수 있을 것입니다.

그래서 누군가는 친구를 신발에 비유합니다. 신발은 자기 발에 딱 맞아야 하지요. 큰 신발은 자꾸 벗겨져 걸을 수가 없고 작은 신발은 발이 아픕니다. 좋은 친구는 신발과 같아서 자기 발에 딱 맞고 오래 신은 듯 편안함이 있어야 합니다. 진정한 친구는 형식에 얽매이지 않아도 좋고, 격식을 차리지 않아도 좋고, 잘나고 못나고도 그리 중요하지 않습니다. 때론 사회적 혹은 경제적 지위도, 직업의 귀천도, 나이조차도 초월합니다.

오스카 와일드는 '진정한 친구는 앞에서 당신을 공격한다'라고 정의했습니다. 그에 의하면 상대를 뒤에서 공격하는 사람, 상대가 모를 때 해치는 사람, 충고가 필요한 상황이 아닌데 충고를 하는 사람을 적이라고 했습니다.

친구는 자신 앞에서 당당하게 충고와 공격도 하지만 뒤에서 비수를 꽂지는 않지요. 반면 적은 앞에서는 미소를 띠지만 뒤에서 공격하고 비난합니다. 즉, 진정한 친구는 우리가 듣고 싶지 않은 이야기를 정면에 맞서서 이야기를 해줌으로써 우리에게 상처를 줄 수 있습니다. 하지만 그것이 우리에게 도움이 되지요. 친구에게 상처가 될지는 모르지만 용기를 내어 진정어린 충고를 하는 친구가 있다면 그 친구에게 고마워해야 합니다.

다만 제가 우려하는 게 있습니다. 저는 앞에서 모든 조건을 초월해 자신에게 잘 맞는 친구가 좋다고 말했는데 이 점을 간과해서는 안 될 것 같습니다. 예부터 '끼리끼리 논다'거나 '유유상종' 등의 말로 그 사람이 어떤 사람과 어울리는가를 보고 그 사람을 평가하는 경향이 있었습니다. 데일 카네기는 '네가 누구와 가깝게 지내고 있는지 가르쳐다오. 그러면

네가 어떤 사람인지 맞혀보겠다'라는 스페인 속담을 들면서 친구는 그 사람의 인격을 보여주는 거울이라고 강조했지요.

그래서 저는 친구를 만들 때는 자신보다 하나라도 뛰어난 무언가를 가지고 있는 사람과 사귀라고 하고 싶습니다. 친구의 뛰어난 점을 배울 수 있기 때문이지요. 사람은 누구와 교제하는지에 따라 변하기 쉽습니다. 훌륭한 사람을 만나면 훌륭한 면을 배우지만 나쁜 면이 많은 사람을 만나면 그것을 배우지요. 평준화를 통해 대화의 질을 맞추기 위해 그렇게 되는 것입니다. 욕을 잘하는 친구와 같이 있다 보면 저절로 욕이 나오는 상황을 많이 경험하셨을 겁니다. 옛 시조에 '까마귀 싸우는 데 백로야 가지 말라'가 있었습니다. 물들기 때문이지요.

특히 우리에게 바른 소리를 할 수 있는 사람은 곁에 있는 사람들뿐입니다. 우리가 좀더 나은 사람이 되었으면 하는 바람을 가지고 있는 사람을 친구로 두었을 때 우린 한 걸음 더 성장할 수 있을 것입니다. 좋은 친구는 언제라도 우리의 문제점이 무엇인지 알려줄 수 있는 사람입니다.

특히 불행은 누가 진정한 친구인지를 알려주는 계기가 되기도 합니다. 그렇다고 불행을 같이 나누지 않았다고 해서 그 친구와의 인연을 함부로 대해서도 안 될 것입니다. 그 사람에겐 그 사람만의 사정이 있기 때문이지요. 다만 사정을 살펴보다가 겉으로만 친구인 척하는 사람은 조금 거리를 두어도 좋을 것입니다. 지금 당신을 소중하게 여기고 있는 친구가 있다면 그것만으로도 우리는 아슬아슬한 폭탄과도 같은 인생을 가뿐하게 헤쳐 나갈 수 있을 것입니다. 더욱 소중하게 여기세요.

때론 혼자,
때론 함께

　가까이 보고 싶으세요? 멀리 보고 싶으세요? 빨리 가고 싶으세요? 멀리 가고 싶으세요? 혹은 자세히, 많이 보고 싶으신가요? 우리가 여행을 떠날 때 생각해야 할 질문들입니다. 단체 패키지여행은 빨리, 같이 그리고 많이, 편하게 여행할 수 있습니다. 소위 '왔노라, 보았노라, 찍었노라'로 대변될 수 있지만 잡다한 것들은 가이드가 해주기 때문에 몸이 편합니다.

　반면 나 홀로 여행은 자신이 계획하고 스스로 여행 방법과 장소 및 일정을 정해야 합니다. 조금은 힘이 더 들고 여행 반경이 줄어들 수 있지만 자기 취향에 맞게 보고 싶은 만큼 볼 수 있는 장점이 있지요. 많은 사람들이 때와 경우에 따라 나 홀로 여행과 패키지여행을 합니다.

　인생도 여행과 흡사하지요. 혼자가 좋을 때도 있지만 함께가 더 좋을 수도 있습니다. 물론 잘못된 함께라면 혼자만도 못할 수도 있겠지요. 운동회 때 2인 3각을 해본 적이 있으신가요? 혼자라면 펄쩍펄쩍 뛰어가겠지만 같이 하려니 걷지도 뛰지도 못하고 옆의 사람과 박자를 맞춰 "하나 둘 하나둘" 구호를 외치며 조금씩 앞으로 나가야 합니다. 누군가와 함께하고 싶다면 서로가 보조를 잘 맞춰야 합니다. 그래야 보폭을 맞춰 걸을 수가 있지요.

　많이 복잡하지요, 많이 힘들지요, 많이 무섭지요, 세상이? 이럴 땐 가끔 혼자 걷는 길이 필요할지도 모릅니다. 마가스님이 많은 것을 내려놓기 위하여 걷기 수행을 하는 것처럼 우리 또한 지난 일을 반성하고 다가올 시간을 준비하는 사색의 시간을 갖는 것이 좋을 것입니다.

그러면 마음도 조금 잔잔해지고 평온해질 것입니다. 다만 매일 홀로 걸을 수는 없겠지요. 2010년 미국 브리검영대학교의 줄리언 홀트 룬스타드 교수는 '외로움은 매일 담배 15개비를 피우는 것만큼이나 건강에 해롭다'라고 밝혔습니다.

그래서 친구는 필요합니다. 그리고 인생의 동반자도 필요합니다. 혼자 걷는 길은 자유롭고 여유로워서 좋고, 함께 걷는 길은 즐거운 대화를 할 수 있으며 외롭지 않지요. 우리가 여행을 할 때 상황에 맞춰 여행 스타일을 바꾸는 것처럼 우리도 삶이라는 여행에서 삶의 스타일을 지혜롭게 넘나들며 좀더 활기차게 보낼 수 있었으면 좋겠습니다.

꾸준함을 이기는
재주는 없습니다

인내는 성공의 위대한 요소이다.
누구나 문을 충분히 오래 그리고 크게 두드린다면
분명히 누군가를 깨울 수 있다.
Perseverance is a great element of success.
If you only knock long enough and loud enough at the gate,
you are sure to wake up somebody.
|
헨리 워즈워스 롱펠로(미국의 시인)

한때 개그맨 이영자의 강의가 화제에 오른 적이 있습니다. 콤플렉스에 대한 예를 '토끼와 거북이의 경주' 이야기를 통해 들려주었지요. 그녀의 강의는 많은 사람들을 생각에 빠지게끔 했습니다.

다들 아시지요, 이솝 우화에 나오는 이 이야기를? 토끼는 거북이에게 느리다고 놀리지요. 그러자 거북이는 "네가 생각하는 것보다 나는 더 빨리 갈 수 있다"며 경주를 제안합니다. 자만에 빠진 토끼는 거북이를 한

참 앞서자 중간 지점에서 잠시 낮잠을 잡니다. 토끼가 잠든 사이 거북이는 느리지만 쉬지 않고 꾸준히 달려 토끼를 앞서지요.

이 이야기에서 우리가 얻을 교훈은 해석에 따라 다양합니다. 이영자는 거북이가 질 게 뻔한 경주를 하자고 한 것은 자신에 대한 콤플렉스가 없기 때문에 가능한 것이라며 콤플렉스로 인해 왜곡된 시선으로 세상을 바라봤던 자신의 어린 시절을 회상했지요. 느리다는 열등감이 없었기 때문에 승패와 상관없이 경기에 임할 수 있었던 것이라고 해석한 것입니다.

다른 사람은 이 우화를 다르게 해석하기도 합니다. 토끼와 거북이는 같은 출발선에 섰는지는 모르겠지만 경주에 임하는 자세가 달랐다는 것입니다. 거북이는 경주가 '절대목표'였던 반면에 토끼는 거북이를 단순한 상대로만 여긴 '상대목표'로 여겼다는 것이지요. 경주에 임하는 자세로 인해 이들의 승부는 출발선에서부터 결정되었다고 합니다.

러시아의 발레리나인 안나 파블로바는 "하나의 목표를 중단 없이 쫓는 그것이 바로 성공의 비결이다"라고 말했습니다. 오랫동안 하나의 목표를 쫓는 것은 그리 쉬운 일은 아닙니다.

우리가 한 가지 일을 꾸준하게 하려면 어떻게 해야 할까요? 먼저 잘하려고 노력하지 말아야 합니다. 지나친 욕심은 꾸준함의 적일 수도 있기에 노력하다 지쳐 쓰러지는 일이 없어야 합니다. 특히 노력한 만큼의 결과가 나오지 않으면 쉽게 포기하게 되지요. 무언가를 꾸준히 한다는 것 자체가 결과에 상관없이 중요한 미덕입니다.

미국의 16대 대통령이었던 에이브러햄 링컨도 "나는 천천히 걸어가는 사람이지만 뒤로 가지는 않는다"고 갈파하여 꾸준함의 가치를 전했습니다. 옛 사자성어에도 어리석은 사람이 산을 옮긴다는 뜻의 '우공이산愚公移山'이 있습니다. 스티브 잡스도 '우직하게' 나아가라고 충고했습니다. '토끼와 거북이의 경주'는 여러 해석으로 수많은 메시지를 전하고 있지만 거북이처럼 꾸준히 노력한다면 이루지 못할 것이 없다는 교훈은 변함이 없는 것 같습니다.

작심삼일이라도 좋습니다

우리는 계획을 세우며 그것을 실행하기 위해 노력하는 것을 즐깁니다. 아침에 일어나면 하루를 계획하고, 월초에는 한 달을 계획하고, 연말에는 신년을 계획합니다. 그중에서 단연 으뜸인 것은 신년 계획일 겁니다. 동서양을 막론하고 새해를 맞을 때 한 가지 공통점이 있다면 신년 결의를 다지는 것이라고 할까요.

서양인들은 12월 31일에 '뉴이어스 이브New Year's Eve'가 되면 새해 다짐과 맹세를 하는데 그것을 '뉴이어스 리솔루션New Year's Resolution'이라고 합니다. 지금보다 더 나아지고 싶은 마음을 담아 계획을 세우는 것이지요. 살이 많이 찐 사람들은 다이어트를 하겠다는 결심을 하고, 건강상의 문제가 있는 사람은 운동을 하겠다는 결심을 하고, 흡연의 해악을 무서워하는 사람은 금연을 결심합니다.

그 후 결과는 어땠나요? 성공하셨나요? 많은 사람들이 시작은 좋았으나 자신이 바랐던 결과를 얻지는 못했을 겁니다. 이런 경우를 우리는 '작심삼일作心三日'이라고 하지요. 그리고 누군가에 핀잔을 듣습니다. 결심한 것을 이루지 못하면 그 모양 그 꼴이라면서 비난을 받기 일쑤지요.

그런데 이렇게 생각해보면 어떨까요? 우리가 쉽게 이룰 수 있는 것에 군이 결심까지 할 필요가 없다고. 쉽게 이룰 수 없으니깐 다짐을 하면서까지 이루고 싶은 거라고. 마음먹은 바를 꾸준하게 힘을 쏟으며 제대로 지켜나간다는 것은 대단히 어려운 일입니다.

물론 성공한 사람들도 있을 겁니다. 그분들은 자기 변화와 개선 의지가 강한 사람들입니다. 하지만 강한 의지와 인내심으로 처음 계획한 바를 제대로 끝까지 실천하는 사람은 극히 일부라고 할 수 있습니다.

당연히 자신의 계획을 끝까지 실천하는 것이 최선이겠지만 도중에 그만둔다고 해서 비난받고 좌절할 필요는 없습니다. 오히려 단 하루라도 변화와 개선을 시도하지 않는 사람보다 단 하루만이라도 실천한 사람이 낫지 않겠습니까?

시작이 반이라고 하지요. 시작도 안 한 사람보다는 시작이라도 한 사람이 조금이라도 앞서 나갈 수 있습니다. 더군다나 작심삼일이지만 그 삼 일이 쌓이면 한 달도 되고 일 년도 될 수 있습니다. 작심삼일에 그칠까 봐 그 두려움에 아무런 계획도 세우지 않는다면 결코 작은 변화도 일어나지 않습니다. 설사 자신의 계획이 작심삼일에 그치더라도 일단 한번 시작하는 것이 좋겠지요.

물론 모든 계획이 시작만 한다고 해서 다 되는 것은 아닐 겁니다. 그렇게 할 수도 없고 그렇게 해서는 안 되는 경우도 있지요. 결혼이나 직업을 선택하는 데는 신중한 결정이 필요합니다. 무턱대고 일단 시작해보자고 하는 식은 위험천만하지요.

그러나 그믐날 신년을 계획하는 경우는 대부분 선택이라기보다는 새로운 각오와 결의를 다지는 것이기 때문에 작심삼일로 끝날지언정 일단은 계획하고 시작해봐도 괜찮을 것입니다. 다이어트를 시작했는데 도중에 그만둔다고 한들 뭐 어떻습니까. 이미 어느 정도는 체중을 조절할 수 있게 되지 않았습니까.

작심삼일이라고 부정적으로 보지만 말고 작심삼일이라도 열 번 하면 한 달이 되고, 백 번 하면 일 년이 될 수 있으니 그 노력을 탓하지 않았으면 합니다. 작심삼일이 곧 시작이 반임을 보여주는 것이니 도중에 그만 두더라도 어떤 일이든 다짐을 해보는 것은 어떨까요? 혹시 성공할 수도 있지 않을까요?

오늘을 누군가의
마지막 날처럼 사는 건 어떤가요?

인생의 종착역에 도달하여
단지 살아온 삶의 길이만 알고 싶지는 않다.
인생의 길이뿐만 아니라 길이만큼 넓은 삶을 살았기를 바란다.
I don't want to get to the end of my life and find
that I lived just the length of it.
I want to have lived the width of it as well.

|
다이앤 애커먼(퓰리처상을 수상한 미국의 여류 시인)

누군가가 물었습니다, 어린 시절이나 젊은 시절이 인생을 좌우하느냐고. 아마도 이 질문은 지나간 시절에 따라 남은 인생이 결정되는 것인지를 묻는 의미였겠지요. 저는 이 책 안에서 거듭 뿌린 대로 거둔다는 의미를 자주 강조했지요. 젊은 시절 어떤 씨앗을 뿌리고 가꾸었느냐에 따라 수확할 때의 결과물이 달라질 겁니다.

당연히 좋은 씨앗을 좋은 토양에 뿌리고 충분한 영양을 제공하고 보살피고 가꾸었다면 최고의 결실을 거두겠지요. 인생도 그러하지 않을까 합니다. 영국 문학을 대표하는 폴란드 작가 조지프 콘래드는 "젊어서 희망, 사랑, 인생에 대한 신뢰를 배우지 못한 자, 슬프도다"라고 일갈했습니다.

만약 젊은 시절로 돌아가고 싶다면 몇 살로 돌아가고 싶으십니까? 또는 돌아갈 수 있다면 무엇을 하고 싶으십니까? 저는 젊은 시절로 돌아가고 싶은 마음은 그리 크지 않습니다. 미련이 없는 걸까요? 젊은 시절로 다시 돌아가고 싶은 사람들은 그 시절에 미련이 있기 때문일 겁니다. 젊음보다는 그때 제대로 보내지 못한 후회일 수도 있겠지요.

그러나 지금에 와서 미련이나 후회를 해봤자 아무 소용이 없습니다. 젊은 시절로 되돌아갈 수 없으니까요. 하루살이처럼 하루하루를 단 한 번밖에 살 수 없습니다. 우리는 연습이 불가능한 인생을 살고 있는 셈이지요. 그래서 더더욱 전 젊은 친구들에게 그 시절을 튼실하게 보내라고 전하고 싶습니다.

시인 원재훈은 '네가 헛되이 보낸 오늘은 어제 죽은 이가 그토록 그리던 내일이다'라며 하루의 중요성과 가치를 강조했습니다. 오스카 해머스타인은 '누가 울리기 전에는 종이 아니다. 누가 부르기 전에는 노래가 아니다'라는 서두를 떼는 시를 쓰기도 했지요. 종을 치기 전에는 종이 아니듯, 노래를 부르기 전에는 노래가 아니듯 오늘 하루를 제대로 살지 않으면 아무런 의미가 없습니다.

일 년 365일, 백세시대를 생각한다면 하루쯤이야 정말 황하의 모래알 하나에 지나지 않을 정도로 별것이 아닐 수 있지만 어제 생을 마감한 사람에게는 그토록 기다리던 하루였을 겁니다. 얼마나 소중하게 보내고 싶었을까요? 하루를 살아도 오늘이 마지막인 것처럼 살아야 그 하루가 의미가 있을 겁니다. 만약 지금 보내는 하루를 내일 또 만나게 되는 영겁의 날 중 하나로 가볍게 여긴다면 지금 이 순간 우리에게 주어진 하루가 무의미해질 겁니다.

뿐만 아니라 오늘이라는 하루가 내일 또 오겠지만 그 하루는 오늘 내가 무심코 헛되이 보낸 하루를 대신할 수는 없지요. 내일은 내일이고 오늘은 오늘이지 오늘과 내일이 같은 날일 수는 없기 때문입니다. 아무리 수명이 길어지더라도 오늘을 헛되이 살면 그 하루만큼의 시간이 낭비되는 것이고, 그렇게 낭비된 시간은 되찾을 수도, 되돌릴 수도 없습니다. 칼 야스퍼스는 '내가 누구인지도 모르면서 오늘을 살고 있고, 어디서 왔는지도 모르면서 왔다고 하고, 어디로 가는지도 모르면서 간다고 하고, 언제 죽을지도 모르면서 죽는다고……'라고 했습니다. 당신은 오늘 하루를 야스퍼스처럼 보내시겠습니까?

즐기는 쪽입니까?
지겨워하는 쪽입니까?

만약 당신이 지금 일을 하고 있다면 어떻게 그 일을 하게 되었습니까? 우리가 어떤 일을 하는 데에는 상반된 이유나 동기가 있다고 합니다. 누구는 매우 하고 싶은 일이라서 하고 있을 것이고, 누구는 누군가가 시켜서 어쩔 수 없이 하고 있는지 모릅니다. 이외에도 다양한 이유나 동기가 있을 테지요.

무슨 일이든 스스로 결정해서 한 일과 어쩔 수 없는 상황 때문에 내몰리듯 결정한 일로 나뉠 수 있습니다. 이런 두 상황이 벌어지고 있다면 당신은 어떤 선택을 하겠습니까?

가장 바람직한 상황은 누군가가 시켜서 하는 것보다 스스로 자유 의지로 하는 것이겠지요. 힘든 일이 있더라도 자신이 선택한 일이니 힘든 일이 있더라도 극복해야겠다는 의지가 있을 것이고, 잘 해결됐다면 그 안에서 보람도 느낄 수 있을 겁니다. 하지만 억지로 하는 일은 매우 힘들고 고통스러울 겁니다.

골프장에서 함께 움직이는 다섯 명이 있다고 칩시다. 네 명은 골프를 즐기러 온 사람들이고 한 명은 일하러 온 사람입니다. 네 사람은 어렵게 예약하고 비싼 요금을 내면서도 마냥 즐겁습니다. 더워도 추워도 그 안에서 재미를 느끼지요.

하지만 한 사람은 돈을 벌면서도 힘들고 재미가 없지요. 누가 어디에 해당하는지 다들 아시겠지요? 네 명은 자신이 좋아서 골프라는 스포츠를 즐기는 골퍼고, 한 명은 골프장에서 일하는 직장인인 캐디입니다.

마지못해 대충 하는 사람에겐 열심히 하는 사람이 이길 수 있지만 아무리 열심히 하는 사람이라도 즐기는 사람을 당할 수 없다고 하지요. 왜 즐기는 사람이 열심히 하는 사람을 이길 수 있을까요? 바로 열정과 집중력의 차이 때문입니다. 비근한 예로 같은 시간이라도 자신이 좋아하는 일을 할 때는 시간 가는 줄 모르지만 억지로 하는 일은 왜 그렇게 시간이 더디게 가는지 모를 정도로 천천히 갑니다.

　당신은 오늘 어떤 마음으로 일을 하고 있나요? 즐기는 쪽입니까? 일하기 위해 억지로 끌려나와 천천히 가는 시간을 지겨워하는 쪽입니까?

좀 오래 산 사람이 좀 짧게 산 사람에게 보내는 이야기들

연민과 공감은
다릅니다

인생에서 최악의 경우는 혼자가 되는 것이라고 생각했으나
그렇지 않다. 최악의 경우는 나를 혼자 넘어지게 내버려두는
사람들과 있게 되는 것이다.

I used to think that the worst thing in life was to end up alone.
It isn't. The worst thing in life is to end up with people
who makes you fell alone.

로빈 윌리엄스(『죽은 시인의 사회』에서 존 키팅 선생 역을 맡아 열연을 펼친 미국의 배우)

'장님 코끼리 만지는 격'이라는 옛말이 있습니다. 거대한 코끼리 전체를 보지 못하고 작은 한 부분만 만져보고 코끼리 전체로 잘못 인식하는 경우를 말하지요. 집단을 대상으로 한 조사 결과에 근거해 개인에 대해서도 똑같을 것이라고 가정할 때 발생하는 '생태학적 오류Ecological Fallacy'에 해당하는 것이지요. 나무만 보고 숲을 다 안다고 생각하는 것입니다.

우리가 세상이나 다른 사람을 이해하고 느끼는 방식도 이와 같을 것

입니다. 미국의 인지심리학자인 크리스토퍼 차브리스와 대니얼 사이먼스의 실험인 '보이지 않는 고릴라'가 있습니다. 사이먼스와 차브리스는 학생들을 각 3명으로 나누어 한 팀은 흰 옷을 입히고 다른 팀은 검은 옷을 입혔습니다. 그리고 이들이 서로 농구공을 패스하는 장면을 동영상으로 찍어 피험자들에게 보여주면서 검은 옷 팀은 무시하고 흰 옷 팀이 패스한 수를 세게 했습니다. 동영상이 끝난 후 실험 스태프는 피험자에게 선수들 말고 다른 누군가를 보지 못했는지 물었습니다.

사실 이 영상에는 중간에 고릴라 옷을 입은 학생이 가슴을 두드린 후 퇴장하는 모습이 담겨 있었지요. 하지만 피험자들의 절반 정도가 고릴라를 보지 못했습니다. 이것은 인간의 인지능력의 한계를 확인해보는 실험입니다. 사람은 자신이 듣고 싶고 보고 싶은 것만 선택하기 때문에 큰 고릴라도, 바로 옆에서 집단적으로 구타당하는 동료도 보이지 않는다고 합니다.

'보이지 않는 고릴라'는 관계의 사회인 현대를 살아가는 우리에게 뭔가 큰 반향을 불러일으킵니다. 함께 살아가는 주변인에게 지나치게 무감각하지는 않은지에 대한 우려가 듭니다. 숨진 지 몇 주 만 혹은 몇 달 만에 발견된 독거노인의 죽음은 때론 이 사회를 대변하는 것은 아닐까 싶습니다. 우리 사회의 사각지대에서 맞이하는 쓸쓸한 죽음은 앞으로도 줄어들지는 않을 것 같아 더욱 염려가 됩니다.

사람과 사람의 관계, 즉 인간관계의 핵심은 공감 능력이 아닐까 싶습니다. 2008년 미국 카네기멜론대학교와 MIT의 심리학자들이 한 실험 연구에서 같은 조직에서도 성과가 뛰어난 팀은 팀원 개인의 지능이 아니라 바로 사회적 감수성, 즉 상대의 감정을 헤아릴 줄 아는 능력, 즉 공감능력이 높았다는 연구 결과가 있었습니다.

공감을 영어로 표현하면 'Empathy'인데 이는 독일어 'Einfuhlung'에서 왔다고 합니다. 안의 의미를 가진 'Ein'과 느끼다라는 의미를 가진 'fuhlung'의 합성어에서 유래된 것이지요. 즉, '다른 사람의 마음이나 심정을 그 사람의 입장으로 들어가서 느끼고 지각한다'는 뜻입니다.

미국의 인류학자 로먼 크르즈나릭은 공감을 '다른 사람의 처지가 되어보고, 그들의 감정정서적측면과 관점인지적측면을 이해하고, 그 이해를 바탕으로 우리의 행동을 인도하는 과정'이라고 규정했습니다.

한 가지 유의할 것은 연민sympathy과 혼돈하지 않아야 합니다. 연민은 다른 사람의 불행을 불쌍하게 여기는 마음에서 시작하지요. 어디까지나 다른 사람에게 일어난 일로만 생각하는 일종의 일방적인 '측은지심'이라고 할 수 있습니다. 연민은 자신의 관점에서 상대를 보기 때문에 그 사람에 대한 상대적 우월로 변질될 수 있기 때문에 관계가 훼손당할 수도 있습니다. 우리가 흔히 사용하는 '역지사지'도 측은지심과 마찬가지로 자신의 가치관을 기준으로 상황을 판단한 것에 지나지 않습니다.

오늘날 최고의 지성이라고 불리는 제레미 리프킨은 자신의 저서 『공감의 시대』에서 이렇게 강조했습니다. 현대사회는 승자와 패자를 가르는 엄격한 잣대가 아니라 서로 승리할 수 있는 원원win-win 게임으로 나아가야 한다고 말이지요. 이기적 경쟁에서 이타적 협업으로 가지 않으면 생존하기 힘들어지기 때문에 생존을 위해서도 공감은 필수적입니다. 공감은 사회성의 핵심으로 다른 사람의 감정을 이해함으로써 자신의 의견을 무작정 피력하기보다는 대화와 타협을 통해 의견을 조율하도록 인도하는 능력이기 때문입니다.

공감 능력을 높이고 싶다면 전 책을 많이 읽으라고 권하고 싶습니다. 특히 인물 중심의 문학 소설을 읽으셨으면 합니다. 소설 속 주인공을 통해 간접적으로나마 상대를 이해하고 공감할 수 있는 기회를 얻을 수 있습니다.

홀로 두 아이를 키운 어머니가 있었습니다. 남편 없이 아이들을 키워야 한다는 생각에 정신없이 사느라 책 한 권 여유롭게 읽을 시간이 없었습니다. 책은 잠자는 데 필요한 베개 정도로만 여길 정도였지요. 어느 날 스무 살이 넘은 딸이 『여자의 일생』의 문고판을 선물하더랍니다. 문고판이라 책 사이즈가 작기 때문에 글자 크기도 크지 않았겠지요.

하지만 딸이 "엄마가 읽으면 좋을 것 같아"라는 말에 큰맘 먹고 읽기 시작했습니다. 그런데 이게 웬일입니까? 너무 재밌어서 잠자는 것도 잊고 책을 읽었다지요. 아마도 그 어머니는 자신의 경험과 주인공 잔느의 느낌이 합쳐지면서 새로운 경지의 공감을 얻었던 겁니다.

이처럼 책은 다양한 느낌을 느끼게 해주는 보물창고니 잘 활용해보는 것은 어떨까요? 가능한 다양한 삶을 경험해보는 것도 유사한 삶을 사는 사람에 대한 이해와 공감을 넓혀준다고 합니다. 자신의 경험치만큼 다른 사람을 공감할 수 있는 여유가 생기기 때문이지요.

당근과 달걀
그리고 커피

한국은 IMF라는 사상 초유의 국가적 위기에 처했던 시절이 있었습니다. 그때 많은 회사들이 도산을 했고 결국 직장인이었던 사람들은 실업자가 되었습니다. 취업을 준비하던 젊은이들은 오도 가도 못한 채 불안한 미래를 맞이해야 했지요. 이렇게 경제적인 어려움은 수많은 가정을 파탄에 빠뜨렸습니다.

하지만 그렇게 어려웠던 시절에도 우리에게 꿈과 희망을 주는 일들이 많았습니다. 프로골퍼 박세리 선수의 극적인 우승이나 미국 메이저리그로 간 박찬호 선수의 승전보 등은 시름에 절은 우리에게 큰 즐거움이 되어주었지요. 하지만 그 소식은 그저 한순간의 기쁨일 뿐 어려움에 빠진 서민들에겐 아무런 도움이 되지 않았을 것입니다.

그 당시 '새벽밭사랑편지'라는 인터넷 사이트에 하나의 글이 올라왔습니다. 남편의 사업 부도로 힘들어 하는 딸에게 친정어머니가 들려준 지혜를 담은 충고였지요.

딸이 "엄마 너무 힘들어"라고 하자 친정엄마는 그 말을 듣고는 갑자기 부엌으로 가서 냄비 세 개에 물을 채웠다고 합니다. 물이 채워진 첫 번째 냄비에는 당근을 넣고, 두 번째 냄비에는 달걀을 넣고, 마지막 세 번째 냄비에는 커피를 넣었습니다. 그리고 세 개의 냄비를 끓였지요. 세 개의 냄비를 한참 끓인 후 친정엄마는 이렇게 말했답니다.

"당근, 달걀 그리고 커피 모두 역경에 처했단다. 그들이 겪었던 역경은 다름이 아니라 바로 팔팔 끓고 있었던 물이지. 당근, 달걀 그리고 커피 세 가지 모두 뜨거운 물속에서 같은 역경을 겪고 있지만 그들은 전혀 다르게 그 역경에 반응하였단다. 당근은 물이 끓기 전에는 단단했지만 끓는 물을 만나고는 부드러워지고 약해졌어. 한편 달걀은 역경에 처하기 전에는 껍데기가 너무 얇고 약해서 깨지기 일쑤여서 안에 들어 있는 내용물도 제대로 보호하지 못할 정도로 연약했지만 오히려 끓는 물속을 견뎌내면서 껍데기는 물론 속도 더 단단해졌단다. 그런데 커피는 어떻게 되었을까? 아주 독특하게 끓는 물이라는 역경에 반응하고 대응했지. 당근이나 달걀은 끓는 물속의 역경에 자신이 변했지만 커피는 자신이 변하기보단 끓는 물을 변화시켜버렸단다."

저는 이 이야기를 듣고 많은 것을 느꼈습니다. 역경에 처했을 때 어떤 이는 당근처럼 더없이 약해졌을 것이고, 어떤 이는 달걀처럼 단단해지면서 조금이라도 자신을 변화시키려고 노력했을 것입니다. 또 어떤 이는 끓는 물을 변화시킨 커피처럼 자신이 처한 상황을 더 나은 기회로 변화시켰을 것입니다.

국가 경제 위기 속에서 수많은 사람이 역경에 처했을 겁니다. 불행하게도 몇몇은 자신의 처지를 비관하여 자살을 선택하기도 했습니다. 그 결과 한국은 주요 선진국 중에서 자살률이 가장 높다는, 그다지 갖고 싶지 않은 기록을 보유하게 되었습니다.

하지만 역경 속에서도 자신과 가정을 보호하기 위해 더 단단해지려고 노력했거나 역경이라는 위기를 기회로 바꾸었던 커피와 같은 사람들도 적지 않았습니다. 사람은 누구나 인생을 살면서 크고 작은 역경을 겪게 마련입니다. 우리는 어떨까요? 당근이 되겠습니까? 달걀이 되겠습니까? 커피가 되겠습니까? 선택은 각자의 몫이겠지요.

하필이면
이런 좋은 일이 생기다니!

수필가이자 영문학자인 장영희 교수의 『내 생애 단 한 번』에는 '하필이면'이라는 이야기가 나옵니다. 한때 '머피의 법칙'이라는 노래가 유행한 적이 있지요. 그 노랫말 중 '하필이면'이라는 단어가 나오는데 이 단어는 분명 '왜 나만?' 또는 '왜 나야?'라는 의문을 전제로 한다고 합니다.

즉 '하필이면'의 단어 속에는 아무리 기를 쓰고 노력해도 걸핏하면 일이 꼬이는 건지, 되는 일이라곤 하나도 없어서 남들은 쉽게 얻는다는 공짜 호박은커녕 내 몫조차도 잘 챙겨먹지 못하는 푸념과 원망이 섞여 있다는 것이지요. 즉 '하필이면'의 전제 조건은 세상은 매우 불공평하다는 의미가 강하게 내포되어 있다는 뜻입니다.

이런 일은 의외로 많습니다. 오랜만에 큰 맘 먹고 세차를 하면 어김없이 비나 눈이 내리고, 비가 내릴 것 같아 우산을 준비하고 외출하면 맑기 그지없고, 친구와의 약속을 취소하고 다른 사람을 만나러 갔는데 그 자리에서 친구와 마주치기도 합니다.

이럴 때 우리는 세상이나 자신의 불운을 원망해보지만 자신이 너무 성급했거나 준비를 제대로 하지 않았기 때문에 겪는 현상입니다. 정기적으로 세차를 했더라면 비나 눈에 연연하지 않을 수 있고, 날씨 예보에 좀더 신경을 썼더라면 불필요한 물건을 챙기지 않아도 될 것이고, 약속 관리를 좀더 철저하게 했더라면 어색한 만남을 갖지 않아도 됐을 겁니다. 결국 이런 일들은 세상의 탓이 아니라 자신이 제대로 신경쓰지 않은 자기 탓이지요.

여기서 더 중요한 것은 부정적으로 쓰일 것만 같은 이 '하필이면'이라는 단어는 때론 좋은 의미로 쓰일 수도 있다는 것입니다. 전생에 좋은 일을 얼마나 많이 했기에 그 많은 사람들 중에서 '하필이면' 지금 부모님과 같이 훌륭한 분들 밑에서 태어날 수 있었을까요? '하필이면' 좋은 형제들과 같이 자랄 수 있었을까요? '하필이면' 건강한 몸과 정신을 가질 수 있었을까요?

우리는 적어도 끼니 걱정 없이 밥을 먹을 수 있고, 잠자리 걱정 없이 잘 수 있고, 남들은 하고 싶어도 못하는 공부도 할 수 있습니다. 자신의 좋지 않은 상황을 신세 탓만 하고 팔자 탓만 하다가 무의미하게 보내시겠습니까? 자신의 불운만 탓하는 '머피의 법칙'에 나오는 '하필이면'이 아니라 자신의 인생이 다른 사람의 짐보다 적어도 무겁지 않다고, 더 가볍다고 생각하는 긍정적인 '하필이면'을 생각하며 사는 게 더 낫지 않을까요? 부정적인 상황을 될수록 긍정적인 태도로 받아들이면 '하필이면'은 매우 좋은 의미를 가질 수 있습니다.

당신은 소금의 참맛을
느껴보셨나요?

스스로 정한 목표를 향한 여정에서 즐기는 일에
전적으로 몰두할 수 있을 때 가장 행복하고 최고가 될 수 있다.
We are at our very best, and we are happiest
when we are fully engaged in work we enjoy on the journey
toward the goal we've established for ourselves.

|

얼 나이팅게일(미국의 방송인)

소금 없이 할 수 있는 요리가 있을까요? 냉장고가
없던 옛날 우리 선조들은 음식을 오래 보관하기 위해 소금을 많이 활용
했습니다. 안동은 내륙이라 싱싱한 어물을 구경하기 어려워서 상인들은
소금으로 간을 한 고등어를 공급했습니다. 그것이 지금의 안동간고등
어지요.

안동은 유서 깊은 집성촌이 밀집되어 있어 의례가 중시되었다고 합니
다. 소금으로 간한 고등어는 저렴하고 장기 보존이 가능해 가난한 사람

들도 일상 의례를 할 수 있도록 도와주고 손님에게 무리 없이 대접할 수 있었다고 합니다. 소금이 있기에 내륙에서도 맛볼 수 있는 음식인 것이지요. 조기도 마찬가지입니다. 우리가 몸에 이상이 생길 때 맞는 링거액도 0.9%의 소금물입니다. 식염수가 혈관 속으로 바로 들어가서 우리 몸을 깨어나게 해주는 것이지요.

우리가 열심히 일할 때 흘리는 땀은 짭니다. 그래서 우리는 땀을 흘리며 일하는 모습을 칭찬하고 그런 사람을 소금 같다고 생각합니다. 생선을 소금에 절이는 것은 시간과의 싸움이라고 할 수 있습니다. 시간은 곧 우리가 가꿀 논이나 밭과도 같습니다. 자신의 밭에서 열심히 일한 사람은 많은 땀을 흘릴 것이고, 그런 사람에겐 수확물도 많아질 겁니다. 뿐만 아니라 땀 흘려 얻은 수확물은 소금에 절인 생선처럼 오래갈 것입니다.

반대로 자신의 논과 밭을 가꾸지 않고 땀을 흘리지 않은 사람에게는 아무것도 돌아가지 않을 테지요. 그렇게 내팽개친 논과 밭에는 온갖 잡초만 무성할 것이고 더 오래 두면 전혀 쓸모없는 폐허가 되고 말 것입니다. 생선을 그냥 두면 금방 썩어 부패하지만 소금에 절이면 상하지 않는 것처럼 우리도 우리의 논과 밭이 상하지 않도록 자신이 흘린 땀으로 절일 필요가 있습니다.

우리가 흘리는 땀에는 거짓이 없습니다. 흘린 땀만큼 반드시 좋은 결과를 얻을 것입니다. 물론 대가에는 시간이 걸릴 수도 있습니다. 바로 반응이 온다면 좋은 일이겠지만 뒤늦게 올 수도 있습니다. 그것에 연연하지 말고 열심히 자신의 땅을 가꾸면 후에 풍성한 수확물을 거둘 수 있을 겁니다.

목마른 사람이 우물을 판다고 하지요. 갈증을 느껴본 사람이 목마름의 고통과 물의 소중함을 더 잘 알듯, 배고 고파본 사람이 음식의 소중함을 알듯, 아파본 사람이 건강의 소중함을 알듯, 교도소에 갇혀본 사람이 자유의 가치를 알고 그 안에서 참회의 시간을 보내며 새 생활을 할 수 있도록 기도를 하듯, 우리는 간절한 마음으로 자신의 터를 잘 가꿔야 합니다.

모든 일에서 땀을 흘린 대가는 더 귀중하고 오래가지요. 마치 소금에 절인 고등어가 장기 보존이 가능하듯 땀을 흘려 얻은 모든 것은 오래갈 뿐더러 쉽게 사라지지 않습니다.

하고 싶은 일이 있다면
다 해보세요

많은 사람들의 마음속엔 분명 하고 싶은 일이 있을 겁니다. 하지만 하고 싶다고 해서 다 할 수 있는 것은 아니지요. 반대로 할 수는 있지만 하고 싶지 않은 일도 있을 수 있습니다. 보통 자신이 할 수 있는 것보다 하고 싶은 일이 더 많을 겁니다. 그래서 사람들은 자신의 삶에 만족하지 못하거나 불행하다고 느끼지요.

자신이 하고 싶은 것은 의지의 표현이고, 할 수 있는 것은 능력의 표현입니다. 그리고 하고 싶은 일을 할 수 없는 경우 능력이 없어 할 수 없는 것과 능력은 있지만 기회가 주어지지 않아 할 수 없는 것으로 나눌 수 있습니다.

보편적으로 우리는 능력보다 기회를 탓하는 경향이 심한데 사실 능력이 없거나 부족해서 할 수 없는 경우가 더 많습니다. 기회가 없어서 못한다는 말은 사실 변명에 불과하지요. 기회는 자신이 스스로 만드는 것이지 하늘에서 그냥 뚝 떨어져 주어지는 것이 아닙니다.

스스로 기회를 만드는 것은 의지의 표시입니다. 자신이 할 수 있는 무언가를 위해 계획하고 준비하면서 기회를 만드는 것이지요. 준비도 하지 않는 사람에게 기회는 오지 않고 설사 기회가 오더라도 그것을 알아채지 못해 낚아챌 수 없지요. 의지가 능력보다 강하다는 것은 이런 경우에 해당됩니다. 아무리 능력이 많은 사람이라 하더라도 의지가 없다면 아무것도 할 수 없습니다.

물론 의지만 있다고 해서 무작정 기회를 잡을 수 있는 것은 아닙니다. 무언가를 하고자 하는 의지를 가졌다면 그것을 할 수 있는 능력을 길러야 하고, 그 능력으로 의지를 실현할 수 있는 기회를 찾아야만 일이 성취되는 겁니다. 결국 의지와 능력 그리고 기회는 무언가를 이루기 위한 필요충분조건이지요.

세상에는 안타깝게 무너져버린 천재들이 너무 많습니다. 타고난 재능을 갖고 있음에도 자신의 박약한 의지나 주변 환경 등으로 천부적인 재능조차 살리지 못하고 평범하게 살거나 비참한 처지에 빠지는 경우를 종종 볼 수 있지요.

유진박이라는 바이올리스트를 기억하십니까? 줄리어드스쿨을 다니며 콩쿠르에서 우승하기도 했습니다. 한때 바네사 메이와 실력을 겨룰 정도로 세간의 주목을 받았지요. 하지만 그는 그저 음악을 사랑한 순수한 바이올리니스트였습니다. 어느 음악 프로그램에서 앙코르 무대를 생략했다는 것만으로 화를 냈던 그는 그저 바이올린을 켜고 싶었습니다. 그것으로 이 세상을 살아갈 수 있다고 생각했겠지요.

하지만 세상은 많이 무섭습니다. 그는 그런 세상의 이해득실을 따지지 못했고 야무지게 자신의 앞길을 개척하지 못했습니다. 누군가가 이끌어 주는 길만 쫓아가더니 조울증을 앓으며 소속사로부터 학대를 받게 되었습니다. 언론에서 유진박의 학대에 조명을 맞추면서 재기에 힘쓰는 듯했으나 교체된 매니저에게 착취를 당한 사실이 한 매체에 의해 또다시 밝혀졌지요.

반면 평범한 능력을 가졌지만 세상을 놀라게 할 정도로 뛰어난 결과를 선보이는 예도 많습니다. 이들은 강한 의지로 자신의 능력을 갈고닦았을 겁니다. 그래서 전 능력보다 의지가 더 중요하다고 생각합니다. 우리가 살아가면서 하고 싶은 것을 하지 못한다는 것은 결국 자신의 탓입니다. 남의 탓이 아닙니다. 나를 움직이게 하는 것도, 나를 멈추게 하는 것도 전부 나의 의지입니다.

절제는 자신의 행동을
책임질 때 완성됩니다

절제와 노동은 가장 훌륭한 두 의사들이다.
노동은 식욕을 돋우고 절제는 지나친 탐닉을 막는다.
Temperance and labor are the two best doctors.
Labor whets appetite and moderation prevents excessive indulgence.
|
장 자크 루소(프랑스의 사상가)

영국의 미술평론가 존 러스킨은 '인간이 자유롭다는 것은, 내가 하고 싶은 대로 할 수 있다는 것을, 한번쯤은 꿈꾸어볼 수도 있지만 여럿이 함께 살아가야 하는 우리 인간에게는 자유보다 절제가 더 큰 가치가 있다'고 했습니다. 그래서 러스킨은 '사람은 물고기처럼 자유로울 수 없다'고 강조했지요.

뿐만 아니라 그는 또 '인체의 각 기관은 자유롭지 못하지만 그 기관들이 모인 육체는 자유롭다. 만약 반대로 인체 각 기관이 각자 모두 자유를 외치기만 하고 서로 조화를 이루지 못한다면 각 기관이 모인 육체는 곧 붕괴되고 말 것이다'라고도 했습니다.

이 세상엔 자기 하고 싶은 대로 다 하면서 살 수 있는 사람은 없을 것입니다. 아무도 살지 않는 섬에서 혼자서 땅을 개척하며 살면 모를까 그렇지 않는 경우엔 많은 사람들과 어울려 살아야 합니다. 그렇다고 우리에게 자유가 없는 것은 아닙니다. 중국집에 가면 자신이 먹고 싶은 대로 주문을 하면 되지요. 자기 마음입니다.

하지만 여러 사람들과 함께 주문할 때나 음식 값을 누가 내느냐에 따라 자유 의지가 박탈되곤 합니다. 나 혼자 사는 집에선 자기 마음대로 텔레비전 채널을 돌릴 수 있지만 가족과 살 때는 눈치를 봐야 합니다. 그래서 각 방에 텔레비전을 놓는 가정이 많지요.

이러한 사회적 속성은 우리 인간에게만 있는 것이 아니라 꿀벌, 일개미 등과 같은 동물의 세계에서도 볼 수 있는 현상입니다. 누군가와 어울려 살기 위해선 어느 정도의 절제의 미덕을 갖춰야 합니다. 그렇다면 절제의 미덕을 어떻게 가꿀 수 있을까요?

첫 번째는 자신에게 엄격하라는 것입니다. 하지만 반대로 사는 사람이 많지요. 같은 잘못을 하더라도 남이 하면 엄청난 비난을 쏟으면서 자신이 하면 어쩔 수 없는 상황이었다고, 그럴 수도 있다고 변명합니다.

두 번째는 다른 사람을 배려하는 것입니다. 사람은 태생적으로 이기적인 동물이긴 하지만 자신보다 다른 사람을 먼저 생각한다면 절제는 자연스럽게 몸에 익혀질 겁니다. 다른 사람에 대한 배려나 자신에게 엄격한 것은 어쩌면 모든 일을 자신의 관점이 아닌 다른 사람의 입장에서 먼저 생각해보라는 의미인지도 모르겠습니다. 서로 입장을 바꾸어보면 해도 될 일과 해서는 안 될 일이 더 분명해질 겁니다.

세 번째는 인내하는 것입니다. 절제는 곧 인내를 전제로 하는 것이지요. 인내할 줄 모른다면 아무리 입장을 바꾸어 생각하고 판단하더라도 실천할 수 없습니다. 특히 인내는 인간의 쾌락을 잠재우기 때문에 인내할 줄 아는 사람은 자신에게도 엄격해지고 저절로 절제가 가능한 것이지요.

그러나 보통 사람들은 신이 아닌 이상 아무리 자신에게 엄격하고 다른 사람을 배려하고 인내하려 해도 실수하기 마련입니다. 하지만 노력 여하에 따라 실수를 줄일 수 있습니다. 여기서 더 중요한 것은 자신의 실수에 전적으로 책임질 줄 알아야 한다는 것입니다. 이것이 또 다른 절제력을 기를 수 있는 방법입니다.

영국의 신학자인 윌리엄 바클레이는 책임에 대해 '인생이 우리에게 얼마나 많은 시간을 빌려주었는지, 우리가 인생에 얼마나 많은 것을 빚졌는지 깨닫는 것'이라고 했습니다. 이러한 면에서 어쩌면 책임이란 곧 자신에게 충실한 것이라고 할 수 있지요. 누구나 자신에게 책임질 수 있다면 비록 하찮은 행동 하나에도 절제의 미덕을 그대로 발휘할 수 있을 것입니다.

말이 입 밖으로 나온 순간,
그것은 현실이 됩니다

옛사람들은 항상 자손들에게 세치 혀를 조심하라고 했습니다. 즉, 말을 조심하라는 뜻이지요. 특히 '말 한마디에 천 냥 빚도 갚는다'라는 속담을 거꾸로 해석하면 이렇게도 될 수 있습니다.

'말 한마디 잘못하면 천 냥 빚을 질 수도 있다.'

빚만 지는 것이 아니라 서로 원수가 될 수 있고, 다 된 죽에 코를 푸는 격이 될 수도 있지요. 우리가 일상적으로 하는 말 한마디가 얼마나 중요한지를 잘 보여주는 일화가 있습니다.

몇 년 전 강호동이 어느 방송국 연예대상 시상식에서 대상을 수상하면서 "재석아, 내가 이 상 받아도 되나?"라는 소감을 말하면서 화제가 됐습니다. 별것도 아닌 그의 짧은 말 한마디가 전문가들의 좋은 평을 들을 수 있었던 이유는 절친한 동료이자 경쟁자인 유재석에 대한 미안한 마음은 물론이고 다른 많은 뜻을 함축적으로 표현했기 때문이라고 합니다. 그러한 예는 비단 강호동뿐만이 아닙니다. 영화배우 황정민은 제26회 청룡영화제 남우주연상을 받으면서 아래와 같은 수상 소감을 발표했습니다.

"솔직히 저는 항상 사람들한테 그래요. 일개 배우 나부랭이라고.

왜냐하면 60명 정도 되는 스태프들과 배우들이 이렇게 멋진 밥상을 차려놔요. 그럼 저는 맛있게 먹기만 하면 되는 거거든요. 그런데 스포트는 제가 다 받아요. 그게 너무 죄송스러워요."

밥상을 차린 사람들, 즉 동료 배우나 스태프들이 받아야 할 상이고 그들이 없었다면 자신에게 그 상이 돌아올 수 없었다는 의미의 겸손은 많은 사람들의 기억 속에 남게 되었을 뿐만 아니라 좋은 이미지까지 얻었지요.

역사적으로도 말 한마디가 얼마나 큰 영향을 미쳤는지를 보여주는 사례들은 많습니다. 그중에 『성녀 조앤』으로 노벨문학상을 수상한 아일랜드의 극작가이자 문학비평가였던 버나드 쇼의 일화는 매우 유명합니다.

어느 날 연회장에서 일어난 일이었습니다. 그 연회장에서 만난 한 귀족 출신의 젊은이가 쇼에게 다가와 "한때 선생님의 아버지께서 양복 만드는 일을 했다는 게 사실입니까?"라고 물었습니다. 쇼가 "그렇다네"라고 대답하자 그 젊은이는 다시 우쭐거리며 "그런데 왜 선생님은 양복쟁이가 되지 않았습니까?"라고 되물었어요.

그러자 쇼가 곧바로 "젊은이, 듣자하니 자네 아버지께서는 신사였다는데 그 말이 사실인가?"라고 물었습니다. 그러자 그 젊은이는 의기양양하게 "물론이죠. 영국에서는 꽤 유명한 신사이십니다"라고 대답했습니다. 그러자 다시 쇼가 기다렸다는 듯이 "그런데 왜 자네는 신사가 되지 못했는가?"라고 일침을 가하여 그 젊은이를 혼내주었다고 합니다.

일상생활에서 우리는 이처럼 사소한 경우라도 단 한마디의 말이 얼마나 중요한가를 항상 염두에 두고 살아야 합니다. 가는 말이 고와야 오는 말이 곱다고 하지 않았던가요?

그래서 말을 잘못하면 오히려 되로 주고 말로 받는다고 하지 않습니까. 남의 눈에 눈물 나게 하면 자기 눈에는 피눈물을 흘리게 된다고도 하지 않습니까. 한마디 말의 위력은 칼이나 총보다 더 대단한 힘을 가지고 있습니다. 그래서 우리는 한마디 한마디의 말도 신중하게 가려서 할 줄 알아야 합니다.

오래 견딜 수 있는
큰 나무와 같은 사람이 되어주십시오

인내는 지혜의 동반자다.
Patience is the companion of wisdom.
|
성 아우구스티누스(『고백록』을 저술한 신학자)

         누군가가 이러더군요. 아무리 큰 나무라도 비바람에 오래 견디지 못하면 강한 나무가 아니고, 아무리 높은 강둑이라도 홍수에 오래 견디지 못하면 강한 둑이 아니라고 말이지요. 참 공감되는 이야기입니다. 강한 것은 단순히 그 크기가 크다고, 그리고 그 높이가 높다고 오래 견디는 것은 아니라는 뜻이지요. 그 크기와 높이에 상관없이 오래 견디는 것이 진정으로 강한 것이라고 할 수 있습니다.

    아직까지도 안타까운 이야기지만 화를 참지 못한 어느 노인의 분노로 우리의 국보 1호인 남대문이 불탔습니다. 2013년 복원되었지만 남대문은 목제 건물이기 때문에 사용되는 목재는 오랜 세월과 풍상 속에서 굳건하게 견딜 수 있도록 튼튼해야 합니다. 튼튼한 건물을 짓기 위해선 튼튼한 재료를 사용하는 것이 당연한 진리지요. 남대문을 복원하는 데 필요한 튼튼한 나무는 금강송이라는 우리나라의 대표적인 소나무여야 합니다.

금강송은 온실이 아닌 높고 깊은 산에서 수십 년의 비바람도 거뜬히 견뎌온 소나무입니다. 그래서 오랜 세월 온갖 풍상을 견딜 수 있는 것이겠지요. 만약 소나무들이 정원이나 온실 속에서 곱게 자랐다면 그렇게 강해질 수 있었을까요? 정원사의 관리가 없었다면 바로 죽었을지도 모릅니다. 그래서 온실이나 정원에서 자라는 나무들은 관상용으로만 그 용도를 다할 뿐입니다. 집을 짓거나 혹은 다른 용도로 사용할 수 없지요.

그래서 선조들은 우리에게 큰 나무가 되라고 한 것 같습니다. 깊고 높은 야산에서 자라면서 오랫동안 온갖 바람을 견뎌낸 큰 나무가 되어야 단단한 집을 지을 재목이 될 수 있기 때문이겠지요.

경쟁이 치열한 사회에서 살아남기 위해서는 어떤 어려움도 견딜 수 있는 강한 사람이 되어야 합니다. 하지만 우리 주변엔 부모의 치마폭에서 벗어나지 못하고 어려운 일에 쉽게 무릎을 꿇는 젊은 친구들이 많아 안타깝습니다. 특히 현재 대부분의 가정에서 한 자녀만 두고 있어 더욱 애지중지하다 보니 부모가 모든 것을 다 해결해주는 경우가 많습니다. 이 책을 읽는 부모가 있다면 혹시 자신의 아이를 하나밖에 없기에 온실 속의 화초처럼 키워 큰 재목으로 자랄 수 있는 싹을 밟는 것은 아닌지 되돌아봐야 할 것 같습니다.

물론 온실 속의 화초는 우리에게 기쁨이 되지요. 예쁘고 아름다워서 계속 보고 싶습니다. 하지만 밖에 내놓은 순간 그 화초들은 죽어버립니다.

금방 죽어버리는 화초가 아니라 높고 험한 산에서 바로 자라는 큰 나무가 되어야 우리가 겪어야 할 모진 풍파를 견딜 힘을 간직할 수 있습니다. 험한 인생이라는 들판에서 비바람 다 맞고도 이겨가며 혼자 스스로 일어설 수 있는 사람이 되고 싶지 않습니까? 그렇다면 지금의 어려움에 굴복하지 않으시기 바랍니다. 멋지게 뛰어넘으시기 바랍니다.

따뜻함을 이길 수 있는 것은 없습니다

어린 시절 누구나 그 재미에 푹 빠졌을 이솝우화에 태양과 북풍이 서로 힘자랑을 하는 이야기가 나옵니다. 내용인즉슨 글자 그대로 서로 힘을 자랑하는 것이지요. 북풍이 먼저 "저기 걸어가는 노인의 코트를 벗길 수 있다"며 자기 힘을 과시하며 한참 비와 함께 폭풍을 일으키자 태양은 잠시 구름 뒤에 숨었습니다. 시간이 갈수록 북풍은 더욱 세차게 불어댔지요.

그러나 바람이 강해질수록 노인은 코트가 벗겨지지 않도록 더욱 세게 움켜쥐었습니다. 결국 북풍은 노인의 코트를 벗기지 못하고 기진맥진해지고 말았어요. 북풍과 함께 비바람이 다 가시자 마침내 태양이 구름 사이로 얼굴을 내밀고 나왔습니다. 당연히 태양은 노인에게 따스한 햇살을 보냈지요. 날이 따뜻해지자 노인은 땀을 흘리기 시작했고, 자신의 이마에 송골송골 맺히는 땀을 닦으며 코트를 벗어버렸습니다.

오늘을 사는 현대인에게도 이 이솝우화는 적용됩니다. 비근한 예로 김대중 정권부터 지난 10년 가까이 우리나라에서도 이 이솝우화와 같은 일을 경험했습니다. 바로 남북관계지요. 북한과 열린 관계로 나아가기 위해선 과거의 냉전적 사고와 그 대처에 따른 군사적 대응으론 힘들다는 판단 하에 '햇볕정책'을 선택했습니다. 강한 힘이 아니라 따뜻하게 감싸고 도와주는 전략을 세운 것이지요. 그것 때문인지는 분명하지 않지만 그동안 북한의 문은 제법 열렸습니다.

비단 정치에만 통용될 수 있는 것은 아닙니다. 우리가 살아가는 데 있어서 가장 중요한 가치이자 실천은 '따뜻한 사랑'입니다. 절대로 위협과 무력이 아닙니다. 물론 위협과 무력 앞에서 어쩔 수 없이 그 순간을 피하기 위해 가식적으로 마음을 열 수는 있지요. 그러나 그것은 일시적인 것이며 위협과 무력이 없다면 바로 마음의 문을 닫을 것입니다. 억지로 마음을 열었으니 그 안에서 얼마나 많은 상처를 받았겠습니까?

특히 가정 내에 정서적, 언어적, 경제적 폭력으로 정신적 고통을 당하는 사람들이 많습니다. 폭력을 당하지 않기 위해 순종적으로 행동하지만 그 안에서 수많은 상처와 아픔을 겪었을 것입니다. 특히 이주여성에 대한 가정폭력도 심해져 여성가족부에선 폭력 피해 이주여성 상담소를 설치하기도 했지요.

위의 이솝우화에서처럼 노인의 코트를 벗길 수 있는 것은 매서운 북풍이 아니라 태양이었습니다. 아무리 북풍이 세차게 몰아쳐도 결코 노인의 코트를 벗길 수 없었지요. 우리 마음의 문을 열게 하고 마음을 바꾸게 하는 것은 세상에서 가장 무서운 노여움이나 위협, 무력이 아니라 작지만 부드러운 친절이나 우호, 감사와 같은 것입니다.

상대와 대화할 때나 설득할 때도 마찬가지입니다. 먼저 상대방의 마음이 활짝 열려야 상대가 나를 이해하고 나의 말을 따라주면서 부드럽게 이야기할 수 있지요. 강압적인 태도는 절대로 상대방의 마음을 열지 못합니다.

이런 점에서 "1갤런의 쓴 즙보다도 한 방울의 꿀을 사용하는 것이 더 많은 파리를 잡는다" 는 링컨의 명언을 되새길 필요가 있습니다. 비슷한 말로 프랑스의 철학자 라 로슈푸코도 "적을 만들고 싶으면 친구에게 이겨라. 그러나 내편을 만들고 싶으면 친구가 이기게 하라"라고 했지요. 요즘 리더십도 따뜻함과 부드러움을 강조하는 자기계발서가 많습니다. 이와 같은 흐름은 따뜻함의 중요성이 더 커져가는 반증이지 않을까 합니다.

보통의 평범한 진리지만
도움이 되는 조언

진리에 대한 탐구가 시작되는 곳에서 인생은 시작된다.
진리에 대한 탐구가 중단된다면 인생도 거기서 중단되고 마는 것이다.
Life begins where the quest for truth begins.
If the quest for truth stops, life stops there too.
|
존 러스킨(영국의 미술평론가)

우리는 성자를 통해 봉사와 희생 그리고 사랑과 같은 덕목을 배우고, 성공한 사람을 통해 삶에 대하는 태도를 배우고, 스승을 통해 학문과 학식을 배웁니다. 특히 인간은 직접 경험으로 얻을 수 있는 것이 한정되어 있기 때문에 간접 경험을 통해 많은 부분을 전수받습니다.

특히 한 분야의 선각자들이나 선험자들의 경험은 우리로 하여금 실패의 가능성을 줄여줍니다. 그래서 가르치는 사람을 선생이라고 부르는 것은 참 이치에 맞다고 생각합니다.

저는 이 자리를 빌려 빌 게이츠가 젊은 친구들에게 전한 메시지를 짚어볼까 합니다. 누구라도 빌 게이츠를 알 겁니다. 최초 소형 컴퓨터용 프로그램 언어인 베이직BASIC을 개발했으며 마이크로소프트사를 설립했습니다. 한때 세계 최고 갑부의 대명사였던 그는 2019년 세계 부자 순위에서 3위로 밀려나긴 했지만 여전히 대단한 부자입니다.

그런 그가 자신의 유튜브 채널에 영상 하나를 올렸습니다. 앞치마를 걸치고 자신의 이름이 적힌 명찰을 달고 패스트푸드점에서 아르바이트를 하는 장면이었습니다. 2019년 세계 부자 순위 4위인 워런 버핏과 함께 말이지요. 그들이 갑자기 빈털터리가 되었을까요?

빌 게이츠가 이런 영상을 자기 채널에 올린 이유는 아마도 젊은 사람들에게 비록 지금은 하찮은 일을 하고 있지만 자신의 미래를 잘 가꾸면 더 나은 결과를 맞이할 수 있다는 희망을 전하기 위해서였을 겁니다.

이전에도 그가 전한 메시지는 매우 공감되는 이야기였습니다. 그중에서 저도 공감되는, 꼭 전하고 싶은 몇 가지만 추려봤습니다.

첫 번째, 인간은 원래 불공평을 안고 태어났다고 합니다. 태어날 때부터 남과 여로 갈리고, 능력이나 부의 차이가 생기는 것이지요. 하지만 이것에 불평하지 말고 있는 그대로를 받아들여 그것을 극복하라고 조언합니다.

두 번째, 세상은 당신이 어떻게 생각하든 상관하지 않는다고 합니다. 어떤 결과물을 얻었을 때 자신이 만족하든 그렇지 않든 상관없이 세상을 만족시켜야 한다는 의미지요. 즉, 세상은 우리에게 결과로 말하라고 요구한다는 것입니다.

세 번째, 교육의 중요성을 강조했습니다. 대학 교육을 받지 않고 연봉 4만 달러를 받을 것이라는 기대를 하지 말라는 것이지요. 현대의 지식사회에서 교육의 중요성은 더 이상 말이 필요 없을 정도고, 치열한 경쟁사회에서 살아남기 위해 남보다 더 많이 배워야 하는 것은 당연지사라는 것이지요.

네 번째, 학생들은 자주 학교 선생님에 대해 불평을 토로합니다. 그러나 빌 게이츠는 학교 선생님이 까다롭다고 생각되거든 사회에 나가 직장 상사의 진짜 까다로운 맛을 한번 느껴보라고 충고합니다. 사회생활이 그리 녹록하지 않음을 말하고 싶었던 것이겠지요.

다섯 번째, 그는 햄버거 가게에서 일하는 것을 수치스럽게 생각하지 말라고 했습니다. 직업에는 귀천이 따로 없다는 뜻도 포함되어 있겠지만 그것보단 일할 수 있는 기쁨과 기회에 대해 고마워하라는 메시지인 것 같습니다. 햄버거 가게에서 일하는 것조차 기회가 될 수 있다는 것이지요.

여섯 번째, 자신의 어려운 환경을 절대로 부모 탓으로 돌리지 말라고 했습니다. 잘되면 자기 공, 못되면 조상 탓이라고 하지요. 모든 일은 남의 탓이 아니라 자기 탓으로 돌려야 잘못된 점을 바로잡을 수가 있습니다.

일곱 번째, 학교는 승자와 패자를 사회에서처럼 그렇게 뚜렷하게 가리지 않을지 모르지만 사회는 현실적으로 그렇지 않다고, 매우 냉혹하다고 일침을 놓습니다. 물론 학교에서도 학업성취도라는 잣대로 성공과 실패를 어느 정도 가리고는 있지만 학생들에게는 만회할 수 있는 기회가 여러 번 주어집니다. 하지만 사회는 그렇게 온정적이고 여유롭지 않지요.

여덟 번째, 인생은 학기처럼 구분되어 있지도 않고 여름방학이란 것은 아예 있지도 않다고 말합니다. 학교생활을 제외하면 인생은 방학처럼 잠시 쉬어갈 수 있는 시간이 없으며 교과과정에 따라 그대로 따르기만 하면 안 된다는 것이지요. 자신의 일정은 스스로 계획을 세우고 알아서 실천하는 것이지 누군가가 이끌어주는 것이 아닙니다.

아홉 번째, 텔레비전은 현실이 아니라고 말합니다. 그것은 단지 꾸며진, 각색된, 보여주기 위한 이야기에 불과한 것이라고, 텔레비전의 성공 프로그램이나 멋진 드라마처럼 무엇이든 마음먹은 대로 될 수 있다고 한다면 누구라도 걱정을 하지 않을 테지요. 우리는 동료와 멋진 곳에서 식사를 한 후 여유를 즐기며 티타임을 가지거나 주말마다 파티를 즐기는 비현실적인 쇼를 하는 사람이 아닙니다. 급하게 식사를 한 후 돌아와 바로 일에 몰두해야 하며 주말에는 평일에 하지 못한 밀린 일을 하느라 바쁩니다.

열 번째, 학창생활과 사회생활은 엄연히 다르다고 말합니다. 학교에서의 모범생이 사회에서도 반드시 모범생이 되는 것은 아니며, 학교에서 우등생이 반드시 사회에서도 우등생이 되라는 법은 없다고 합니다.

그러나 현대의 지식사회에서는 지식이 곧 능력이고 힘이고 권력이기에 비록 학교에서는 공부밖에 할 줄 모르는 '바보'들이 더 창의적이고 더 성공할 가능성이 높긴 합니다. 한 명의 천재가 수만 명의 보통사람들을 먹여 살리는 시대가 요즘 사회라고 하지 않습니까? 빌 게이츠는 후에 공부밖에 할 줄 모르는 그 '바보' 밑에서 일할 수도 있기에 잘 보이라고 권합니다.

제가 오래전 빌 게이츠의 조언을 다시 되짚어보는 것은 그의 말이 지금에도 전혀 틀리지 않았기 때문입니다. 그리고 은퇴를 앞둔 제가 대학교의 제자뿐만 아니라 연령을 구분하지 않고 지금 이 시대를 살고 있는 청소년과 청년들에게 보내는 메시지도 이와 같습니다.

오래된 사람의 구태의연한 말로써 들렸다면 이 부분 심심한 사과를 보내겠지만 보통의 평범한 진리를 전하는 것이 오랫동안 범죄학을 연구하며 많은 학생을 가르쳐온 저의 임무가 아닐까 합니다. 많은 범죄를 분석하고 추적하면서 저는 옛사람들의 말들을 되새기게 되었습니다. 오래 산 사람의 지혜는 절대로 틀리지 않구나, 하는 감탄을 한 적도 많습니다.

앞으로 저는 다른 쪽에서 다시 새 인생을 시작하겠지만 더 많은 사람들에게 평범한 진리지만 깊이 새기면 보석처럼 빛나는 이야기들을 들려주고 싶습니다. 성공한 선배의 메시지를 꼼꼼히 되새겨보면 어떨까요?

좀 오래 산 사람이 좀 짧게 산 사람에게 보내는 이야기들

인생
프로파일링,
삶을 해부하다

초판 1쇄 인쇄 2019년 8월 23일
초판 1쇄 발행 2019년 9월 16일
—
글 이윤호
그림 박진숙
—
발행인 이웅현
발행처 (주)도서출판 도도
—
전무 최명희
기획 · 편집 홍진희
디자인 김진희
홍보 · 마케팅 이인택
제작 퍼시픽북스
—
출판등록 제 300-2012-212호
주소 서울 중구 충무로 29 아시아미디어타워 503호
전자우편 dodo7788@hanmail.net
내용 및 판매 문의 02-739-7656~9
—
ISBN 979-11-85330-61-7(03190)
정가 15,800원

이 도서의 국립중앙도서관 출판예정도서목록(CIP)은 서지정보유통지원시스템 홈페이지
(http://seoji.nl.go.kr)와 국가자료공동목록시스템(http://www.nl.go.kr/kolisnet)에서
이용하실 수 있습니다. (CIP제어번호:2019032954)